国学通识

陈斐 主编

理学纂要

蒋伯潜 编著
王建生 整理

华夏出版社
HUAXIA PUBLISHING HOUSE

图书在版编目（CIP）数据

理学纂要 / 蒋伯潜编著；王建生整理. -- 北京：华夏出版社有限公司，2024.2

（国学通识 / 陈斐主编）

ISBN 978-7-5222-0588-5

Ⅰ.①理… Ⅱ.①蒋… ②王… Ⅲ.①理学－研究 Ⅳ.① B244.05

中国国家版本馆CIP数据核字(2023)第211012号

理学纂要

编 著 者	蒋伯潜
整 理 者	王建生
责任编辑	杜晓宇　吕　方
责任印制	周　然

出版发行	华夏出版社有限公司
经　　销	新华书店
印　　装	三河市万龙印装有限公司
版　　次	2024年2月北京第1版 2024年2月北京第1次印刷
开　　本	880×1230　1/32
印　　张	8.625
字　　数	162千字
定　　价	45.00元

华夏出版社有限公司　地址：北京市东直门外香河园北里4号　邮编：100028
网址：www.hxph.com.cn　电话：(010) 64663331（转）

若发现本版图书有印装质量问题，请与我社营销中心联系调换。

总序

近期，人工智能和自动化技术迅猛发展，ChatGPT（聊天机器人）横空出世，除了能与人对话交流外，甚至能完成回复邮件、撰写论文、进行翻译、编写代码、根据文案生成视频或图片等任务。这对人类社会的震撼，无异于引爆了一颗"精神核弹"：人们在享受和憧憬更加便捷生活的同时，也产生了失业的恐慌和被替代的虚无感，好像人能做的机器都能做，而且做得更好、更高效，那么，人还怎么生存，活着还有什么意义？

这种感觉并非无源之水、无本之木，而是有着深久的教育、社会根源。长期以来，我们的教育过于专业化、物质化、功利化，在知识传授、技能培训上拼命"鸡娃"，社会也以科技进步、经济发展为主要导向，这导致了人们对"人"的认知和实践都是"单向度"的。现在，"单向度"的人极力训练、竞争的技能，机器都能高效完成，他们怎能不恐慌、失落呢？人是要继续"奋斗"，把自己训练得和机器一样，还是要另辟蹊径，探索和高扬"人之所以为人"的独特品质与价值，成了摆在所有人面前的紧迫问题。

答案显然是后者。目前社会上出现的"躺平"心态,积极地看,正蕴含着从"奋斗""竞争"氛围中夺回自我、让人更像人而不异化为机器的挣扎。"素质/通识教育""科学发展观"等理念的提出,也是为了纠偏补弊,倡导人除了要习得谋生的知识、技能外,还要培养博雅的眼光、融通的识见,陶冶完美的人格、高尚的情操;衡量社会发展也不能只论GDP(国内生产总值),而要看综合指数。

这么来看,以国学为核心的中华优秀传统文化,就大有用武之地。孔子早就说过,"君子不器","为政以德"(《论语·为政》)。庄子也提醒,"有机事者必有机心。机心存于胸中,则纯白不备","神生不定","道之所不载也"(《庄子·天地》)。慧能亦曾这样开示:"心迷《法华》转,心悟转《法华》。"(《坛经·机缘》)这些经过数千年积累、淘洗的箴言智慧,可以启发我们在一个日益由机器安排的世界中发展"人之所以为人"的独特品质,从而更好地安身立命、经国济世。可见,国学不是过时的、只有少数学者才需要研究的"高文大册",而是常读常新、人人都应了解的"通识"。

这套"国学通识"系列丛书,即致力于向公众普及国学最基本的思想观念、知识架构、人文精神和美学气韵等,大多由功底深博的名家泰斗撰写,但又论述精到、篇幅短小、表达深入浅出,有些还趣味盎然、才情四射。一些撰写较早的著作,我们约请当代青年领军学者做了整理、导读或注释、解析,以便读者阅读。

我们的宗旨是弘扬并激活国学,让优秀传统文化滋养智能时代中国人的心灵,同时也期望读者带着崭新的生命体验和问题意识熔古铸今,传承且发展国学。在这个过程中,相信人人都能获得更加全面、自由、和谐的发展,社会也会变得更加繁荣、公正、幸福!

陈斐

癸卯端午于京华

《国学汇纂》新版序

《国学汇纂》十种,是先祖父蒋伯潜和先父蒋祖怡合作撰写的,在1943—1947年由上海正中书局陆续出版。

《国学汇纂编辑例言》的第一条,说明了编撰这套《汇纂》的缘由:

> 我国学术文艺,浩如烟海。博稽泛览,或苦其烦;东拣西扯,复病其杂。本书汇纂大要,别为十种,供专科以上学子及一般程度相当者,阅读参考之资。庶于国学各得其门,名曰《国学汇纂》。

在《例言》中,这十种书的顺序是:《文章学纂要》《文体论纂要》《文字学纂要》《校雠目录学纂要》《诗歌文学纂要》《小说纂要》《史学纂要》《诸子学纂要》《理学纂要》《经学纂要》。出版时也把这十种书按顺序排列,称为《国学汇纂》之一到《国学汇纂》之十。

这十种书中的《文章学纂要》《文体论纂要》《文字学纂要》

《校雠目录学纂要》《诗歌文学纂要》《小说纂要》属于语言文学范畴，《史学纂要》属于史学范畴，《经学纂要》《诸子学纂要》《理学纂要》属于哲学范畴。也就是说，这十种书，涉及了中国传统的文、史、哲的基本方面，是国学的基本知识。

总起来说，这十种书有三方面的内容：

（一）介绍基本知识。这十种书，每一种都是一个单独的学科领域，涉及的范围非常广，有关的知识非常多。为了适合读者的需要，作者对有关知识加以选择、概括、组织，把一些最基本的知识以很清晰的面貌呈现在读者面前，使读者既不苦其烦，也不病其杂。

（二）阐述作者观点。这些学术领域都有不同学术观点的争论，或者有不同的学派。面对这些不同观点，初学者可能感到无所适从。作者对这些问题介绍了不同观点，并阐述了自己的看法。这有助于读者了解这些学科历史发展的过程，也有助于读者从不同的侧面来看待和掌握这些基本知识。

（三）指点学习门径。这十种书都是入门之学。读者入了门以后，如何进一步学习？这十种书常常在介绍基本知识和阐述作者观点的同时，给读者指点进一步学习的门径。如提供一些参考资料，告诉读者进一步学习该从何入手，需注意什么问题等。

这些对于初学者都是十分有用的。所以，《国学汇纂》出版后很受欢迎。著名学者四川大学教授赵振铎曾对我说：你祖父和父亲的那两套书（指《国学汇纂》十册和《国文自学辅导丛书》十二册），我们当时在中学里都是很爱读的。我很感谢赵先生告诉我这个信息。

《国学汇纂》不仅在上个世纪的四十年代末出版后受欢迎，在以后也一直受到欢迎。1990年，北京大学出版社重印了《校雠目录学纂要》。1995年，我在台北看到的《文字学纂要》已经是第二十九次印刷。2014年《小说纂要》收入《民国中国小说史著集成》第九卷，由南开大学出版社出版。首都经济贸易大学出版社的领导和编辑蓝士斌先生很有眼光，看到了《国学汇纂》的价值，在2012年重印了《文字学纂要》，2017年重印了《诸子学纂要》，2018年重印了《文章学纂要》。这些都说明这套书并没有过时。

但《国学汇纂》一直没有完整的再版，这是一件憾事。很感谢主编陈斐先生和华夏出版社有限公司，决定把《国学汇纂》作为《国学通识》的第一辑出版。他们约请相关领域的青年学者对《国学汇纂》的每一种都细加校勘，而且撰写了"导读"。"导读"为读者指出了此书的特色和重点，以及阅读时应注意的问题。这就给这套七十年前出版的《国学汇纂》赋予了新的时代气息。

在此，我对陈斐主编、各位整理并写"导读"的专家和华夏出版社有限公司表示深切的感谢！我相信，广大读者一定会欢迎这套新版的《国学汇纂》。

蒋绍愚

2022年5月于北京大学

《国学汇纂》编辑例言

一、我国学术文艺，浩如烟海。博稽泛览，或苦其烦；东挦西扯，复病其杂。本书汇纂大要，别为十种，供专科以上学子及一般程度相当者，阅读参考之资，庶于国学各得其门，名曰国学汇纂。

二、文章所以代口舌，达心意，为人人生活所必需，而字句之推敲，章篇之组织，意境之描摹，胥有赖于文法之活用，修辞之技巧；至于骈散之源流，语文之沟通，亦为学文章者所应谙悉。述《文章学纂要》。文体分类，古今论者，聚讼纷纭，而各体之特征、源流、作法，更与习作有关，爰折中群言，阐明体类，附论风格，力求具体。述《文体论纂要》。

三、研读古籍之基本工夫，在文字、目录、校雠之学。我国研究文字学者，声韵形义，歧为两途；金石篆隶，各成系统；晚近龟甲之文，简字拼音之说，益形繁杂；理而董之，殊为今日当务之急。而古籍文字讹夺，简编错乱，书本真伪，学术部居，校勘整理，尤当知其大要。述《文字学纂要》及《校雠目录学纂要》。

四、我国古来文艺以诗歌、小说为二大主流，戏剧则曲词煦育于诗歌，剧情脱胎于小说。而诗歌之演变，咸与音乐有关，其间盛衰递嬗，可得而言。至于小说，昔人多不屑置论，晚近国外文学输入，始大昌明。而话剧亦骎骎夺旧剧之席。述《诗歌文学纂要》及《小说纂要》。

五、我国史书，发达最早，庞杂最甚，而史学成立，则远在中世以后，且文史界限，迄未厘然；至于诸史体制，史学源流，亦罕有理董群书，抽绎成编者。是宜以新史学之理论，重新估定我国之旧史学。述《史学纂要》。

六、我国学术思想，以先秦诸子为最发展，论者比之希腊，有过之无不及也。秦汉以后，儒术定于一尊，虽老庄玄言复昌于魏晋，而自六朝以至五代，思想学术，俱无足称。宋明理学大盛，庶可追迹先秦，放一异彩。述《诸子学纂要》及《理学纂要》。

七、六经为我国学术总会。西汉诸儒承秦火之后，兴灭继绝，守先待后，功不可没。洎其末世，今古始分。东汉之初，争论颇剧。及今古混一，而经学遂衰。下逮清初，始得复兴。乾嘉之学，几轶两汉。清末今文崛起，于我国学术思想之剧变，关系亦颇切焉。述《经学纂要》。

八、军兴以来，倏已四载，典籍横舍，多被摧残，得书不易，读书亦不易。所幸海内尚存干净土，莘莘学子，未缀弦歌。编者局处海隅，自惭孤陋，纵欲贡其一得之愚，罣误纰谬，自知难免，至希贤达，予以匡正！

目录

导读 / 1

绪论一　什么是理学 / 1

绪论二　理学勃兴之因缘 / 5

第一章　理学的前驱——韩愈、李翱 / 9

第二章　周濂溪 / 18

第三章　邵康节 / 30

第四章　张横渠 / 42

第五章　二程（上）/ 52

第六章　二程（下）/ 66

第七章　程门诸子 / 80

第八章　朱子 / 90

第九章　陆象山　附杨慈湖 / 107

第十章　吕东莱　叶水心 / 121

第十一章　朱子后学 / 132

第十二章　明中世以前的理学 / 147

第十三章　王阳明 / 163

第十四章　阳明后学 / 180

第十五章　明清之际的理学 / 192

第十六章　颜习斋　戴东原 / 208

结论一　理学的概观 / 227

结论二　理学衰落之因缘 / 231

本次整理征引文献 / 236

导读

蒋伯潜《理学纂要》，是《国学汇纂丛书》的第九种，综述唐宋元明清五朝理学概貌。全书正文16章，其中宋代部分有10章，占全部内容的十之六七。唐代占1章，讲理学前驱韩愈和李翱；明代理学几乎占4章；清代理学设1章，讲颜元、戴震；元代理学仅在"朱子后学"章提及赵复、许衡、刘因、吴澄四人，在章目上并未设专章论述。就内容而言，详宋明而略其他朝代，与通常所说的宋明理学是一致的。除去正文16章，本书还有绪论和结论，绪论说明什么是理学和理学勃兴的原因，结论综括理学概貌及衰落的原因。

蒋伯潜（1892—1956），名起龙，又名尹耕，以字行于世，现代学者、教育家，浙江富阳新关乡（今大源镇）人。早年从钱玄同、马幼渔为师，又曾问学于章太炎、梁启超，深研经学。于经学、诸子学、文学均有很深的造诣。曾担任中学校长和暨南大学等高校系主任和校长，著述等身。主要著作有《经与经学》《十三经概论》《经学纂要》《诸子与理学》《诸子通考》《诸子学纂要》《校雠目录学》等。

下面将围绕《理学纂要》的概念界定、编纂方法、资料来源、学术特色等，略作述说。

一、循名责实

理学还有其他名称，如宋学、新儒学、性理学、道学、心学等。在所有的名称中，蒋伯潜先生循名责实，逐一辨析，"理学"之名也就名正而言顺了。他认为，宋学与汉学相并立，以朝代命名，着意于"经学盛于汉""理学兴于宋"的认知；新儒学的指称范围偏大，应包括西汉经学，"对于孔、孟、荀的儒学而言，经学也未尝不是西汉的'新儒学'"（绪论一《什么是理学》，第2页）。蒋先生对于性理学之说，分辨最为详悉。《论语》《孟子》《大学》《中庸》中确有阐发心性的理论，据此，似乎理学的中心完全在于心性的研究；实际上，理学研究的范围并不限于心性，"自周濂溪以下，均欲以'宇宙论'为根据，建立一人生哲学。他们所讨论的宇宙问题、理气问题、理欲问题，乃至心性问题，无非一个'理'字"（绪论一《什么是理学》，第3页），因此称之为"理学"；称之为"性理学"，反而落偏了。《宋史》专立《道学传》以记理学诸儒，特示尊崇之意。道和理原是同义，世俗所谓"道学先生"指以居敬为主、笃守朱子之学的理学者，陆王派不拘小节者不能

导　读

包括在内；且前世有所谓"道家""道教"之说，容易混误，因此道学之名，也不如"理学"明确。至于"心学"单指陆王之派，不能如"理学"可以代表全体，就更显而易见了。

此番分梳，细密严实，理论色彩极为浓郁。在讨论理学勃兴之因缘部分，蒋伯潜认为："因"可分为主因和副因，"缘"也不是单一的，而是诱因和时局的合力。他以为理学所讨论的核心问题，一是宇宙论，二是心性论，三是修养论，可以说是理学之实。因此，他便以此三论作为编纂的线索。

循名责实观念还体现在《理学纂要》的其他部分，比如在比较朱熹、陆九渊区别时，说："所以象山之学，只有一'心'，何等简易直截？名之曰'心学'，确是名实相符。故朱子之学只能谓之'唯理的'；象山之学，则确是'唯心的'。"（第九章《陆象山附杨慈湖》，第116页）可以说，蒋伯潜的思维中有名实这种观念，故在适当时机就自然而然派上了用场。

二、编纂原则

《理学纂要》所纂者，乃理学的关键人物、关键流派、关键思想。《宋元学案》中设章的人物近百家，而进入《理学纂要》综述之列者，宋代部分仅周敦颐、邵雍、二程、程门诸子、朱熹、陆九渊、杨简、吕祖谦、叶适、朱子后学等十余家而已。即便这十余家，也不是将其思想全部综述，而是钩玄提要，选择理学家最具代表性的关键思想予以引述与评断。所谓关键，就是有独见的理学家及其学术思想，用蒋伯潜自己的话来讲，"本书旨在纂述理学的大要，凡是对于理学的问题曾提出意见的，而且其意见是重要的，不是人云亦云的，都要摘叙大要"（第十六章《颜习斋 戴东原》，第226页）。

理学人物众多、著述丰富，如何从中举其概、撮其要，这是纂要类著述编纂时的重点，也是难点。

抓大要，这是蒋伯潜在编纂《理学纂要》时的宗旨，也是基本的编纂方法。张载的《西铭》和程颢《识仁》，既是理学家个体思想的集中体现，也是理学发展史上绕不过去的名篇，故在有限的篇幅中不惜笔墨予以阐述。重要的篇目阐述清楚了，理学发展的眉目、梗概自然而然就呈现出来。程颢最有价值的理学著作，首《识仁》，次《定性》，本书第五章二程部分即重点论述这两篇。（第56、61页）

在宋代理学家中，朱熹的著述最为丰赡，如何撮述其要，最能考验编者之功力和眼光。《理学纂要》第八章朱子部分，围绕朱熹乃理学思想集大成这一核心问题展开：朱子的宇宙论，是参合周、邵、张、程五子之说而成的（第98页）；其心性论、道德修养论，则以张载、程颐之说为根据（第100、101页）；穷理、主敬是朱子修养方法的两大纲领（第105页）。围绕宇宙论、心性

导 读

论、修养论三大问题,既抓住了朱熹理学的精要,又从思想源流变迁的角度回答了为什么说朱子是理学之集大成者。这种举要抓纲的编纂方式,在朱熹部分得到集中的呈现。

在第九章陆九渊部分,蒋伯潜抓住象山"先立乎其大者"的宗旨,可以说把握住了陆九渊理学思想的关纽。在第十六章颜元、戴震部分,重点解决二人反对理学,为何还要把他们列入书中,这是本章的大要,故而多次回应这一问题,"习斋、东原既是反对理学的,本书纂述理学,似乎可以不必把他们叙述进去。但是他们所反对的,是宋儒的理学,是程、朱的理学;他们自己又有一套理学。我们不能说,合于程、朱的是理学,不合于程、朱的便不是理学"(第213页);"习斋于理学家所常讨论的理、气、性,也加以讨论,而其见解与刘蕺山、黄梨洲、王船山俱相近似。我们既认蕺山、梨洲、船山为理学家,便不能说习斋不是理学家了"(第216页);"东原所讨论的许多问题,同是宋明理学家所讨论的。我们只能说他对于这许多问题的见解和宋明理学家不同,不能说他所讨论的不是理学的问题……平心而论,我们仍不能否认他在理学史上的地位"(第225-226页)。这些论述都直指大要,能以理以据服人。某种程度上体现了编者深具包容性的理念,故本书尽可能容纳了理学史上的不同角色:阐扬者、调和者、反对者。

编者关注的是宋元明清理学之通史,故不得不涉及对理学发展史的总看法。总的来说,蒋伯潜认为理学盛于宋,衰于元,复

5

兴于明。这一总判断贯彻于全书，在不同的章节都阐述或印证这一大判断，"元朝是理学的中衰时代"（第十一章《朱子后学》，第146页）、"理学中衰于元，而复兴于明"（第十二章《明中世以前的理学》，第147页）、"元代是理学中衰的时代"（结论一《理学的概观》，第230页），等等。

《理学纂要》的编撰，难免采用前人的评论，然能透过表象，洞察评论者深层次的动机和立场。第九章杨慈湖部分，举到了黄榦评杨简"未闻道"，以及全祖望所说"怀象山之教"，"都是站在朱学的立场下的批评"（第120页），真可谓一针见血。第十一章朱子后学部分，举到刘因的《渡江赋》，说："论者或以为幸宋之亡，或以为欲存宋。平心论之，他只是站在第三者的立场，哀南宋之为奸臣所误，并没有希望宋存或幸其亡的心理。"（第144页）也谈到了"立场"问题，确为平允之论。第十三章提到王阳明作《朱子晚年定论》，特别指出，王阳明所认为朱子晚年定论者，未必真是朱子晚年的定论，"这样强异以为同，颇不合学者的态度"（第179页）。识破立场或态度，单刀直入，直指根本，这样的论述方式在《理学纂要》中比较多见。

三、资料来源

《理学纂要》第二至十四章的资料来源，主要是《宋元学案》

导　读

《明儒学案》两种。蒋伯潜在编纂时，主要采用浓缩的方法，从理学家小传到其思想，无不是缩编两种学案的内容。可以说，宋明部分简直就是《宋元学案》《明儒学案》的缩编版。那么，内容他见的缩编本还有何价值？资料虽来源于学案，对资料的组构和阐发却显现出蒋伯潜的用心。在学案中，学案表、序录、传记、代表性思想和著述、讲友、同调、门人等构成有机整体。这种体例对编纂单个的理学家非常有利，在具体编纂过程中，蒋伯潜重点拣择的，是序录、传记、代表性思想和著述三大版块。如果是两个以上的理学家合为一章时，简单的拣择、缩编可能就不适用，这时候统合组构就显得至关重要。进入《理学纂要》章目者，在学案中基本上都是单独设专案的理学家。比如，第五、六章二程部分最能体现出重新组构的意义。另外，对于撮要类著述来讲，材料固然是关键，对材料的阐发同样重要，如何用简明扼要的语言阐发大要，实在是对编者专业能力的考量。纵观各章的阐发和评断，大体上都言不虚发，切中要害。

本书第十一章之前的内容虽依据《宋元学案》，但也未完全拘泥于学案编排的顺序。《宋元学案》置《横渠学案》于二程之后，蒋伯潜觉得张载比大程年长十二岁，且年辈长于二程，故《理学纂要》中张载先于二程。这种处理方法，是值得肯定的。第九章杨慈湖部分，基本来自于《宋元学案》卷七十四《慈湖学案》。可举一例来进一步说明《理学纂要》的资料来源于《宋元学案》而

7

非理学家文集。第十章的结尾引用叶适"往往以为一念之功,圣贤可招而致"(第131页),《习学记言序目》卷四十四作"圣贤可招揖而致"[①],《宋元学案》卷五十四《水心学案》作"圣贤可招而致"。显然,《理学纂要》取材于《宋元学案》,却在排印时误"招"为"抬"。

《理学纂要》虽取材于《宋元学案》《明儒学案》,但并非亦步亦趋,间或采择理学家的论著。第九章陆九渊部分,引述陈淳的两段评述:"象山教人终日静坐以存本心,无用许多辩说劳攘""佛氏把作用认是性……其实不过告子生之谓性之说。"(第117页)括注中说这两段引文都来自《北溪字义》。核对原文后,发现第一段引文来自《宋元学案》卷五十八《象山学案》;第二段来自于陈淳《北溪字义》。

从第十五章明清之际的理学开始,编者所依据的资料又是什么呢?《明儒学案》以刘宗周为殿军,故本章刘蕺山部分尚可凭藉《明儒学案》。而此后的黄宗羲、顾炎武、孙奇峰等等,显然再不能借助《明儒学案》了。简单比类后,发现蒋伯潜依据的资料,主要是江藩《国朝汉学师承记》《国朝宋学渊源记》、唐鉴《国朝学案小识》、徐世昌《清儒学案》。在第十五章黄宗羲部分的结尾,明确提供了线索:"其教学者,说经则宗汉儒,立身则宗朱学。盖

---

① 叶适《习学记言序目》,中华书局1977年,第645页。

已由明末之学风转换方向,不但倾向朱学,而且倾向汉学了。故江藩的《汉学师承记》已录及之,而唐鉴的《学案小识》亦录之于经学之首。"(第196页)

第十五、十六章的具体来源如下:黄宗羲、顾炎武部分,采自《国朝汉学师承记》《国朝学案小识》;孙奇逢部分,来自《国朝宋学渊源记》;李中孚部分源自《国朝宋学渊源记》《国朝学案小识》;王夫之部分则汇总了《国朝学案小识》和《清儒学案》;陆世仪、汤斌部分资料来源于《国朝学案小识》;颜元部分,则综合了《清儒学案》《颜氏学记》;戴震部分则统合了《国朝汉学师承记》《清儒学案》《孟子字义疏证》。

以上所谈只是大概,在具体编纂过程中,可能会有改动,比如第十五章孙奇逢部分提到《理学宗传》。《国朝宋学渊源记》引述道:"以周、程、张、邵、朱、陆、薛、王、罗、顾十一子为正宗,汉董子以下迄明季诸儒谨守绳墨者次之,横浦、慈湖等议论有出入儒佛者又次之。"①《理学纂要》没有照录原文,而是将"横浦"删掉,最后一句话改为"杨慈湖等议论有出入儒佛者又次之"(第199页)。类似这种改动、微调、重组,也正体现了编者的综合考量;就全书而言,杨简(慈湖)设有专门的章节,而张九成(横浦)很少提及,以此之故,删横浦而留慈湖,也就不难理

---

① 江藩《国朝宋学渊源记》,中华书局1983年,第155页。

解了。

在宋代理学家中，程颢、朱熹等人的诗歌颇具风味，向来为人称道。《理学纂要》在相应的章节中却不引程颢、朱熹之诗，乍看还以为蒋伯潜严守此疆彼界——理学就是理学，文学就是文学（蒋另有《诗歌文学纂要》），故理学著述中不引诗歌为证。实则不然，第十一章朱子后学部分，引了刘因的《书事》《忆郝伯常》《登中山城》《上塚诗》《题金太子墨竹》《跋遗山墨迹》《咏严光诗》《咏四皓诗》《和归田园居》《和杂诗》《和拟古诗》，凡十一首，在《理学纂要》中属于特例。验之《宋元学案》卷九十一《静修学案》，上引诗歌都在附录中。也就是说，《理学纂要》此处的引诗，并非翻阅刘因《静修文集》有意为之，而是《宋元学案》刘因学案中引用了大量诗歌，故取而用之。为何其他理学家的诗歌罕见引用，因为《宋元学案》中并没有引用他们的诗歌，如程颢、朱熹等。《理学纂要》引诗的情况，更能说明它对《宋元学案》《明儒学案》等资料的信赖。

四、学术呼应

《理学纂要》将韩愈、李翱作为理学的前驱，廓清理学的渊源流变，具有重要的学术价值。此后陈寅恪先生撰写《论韩愈》，指出韩愈是"唐代文化学术史上承先启后转旧为新关捩点之人

导 读

物"①，进一步明确了韩愈在思想文化领域的地位。就文化观念来讲，蒋伯潜与陈寅恪属于同调，有很多相似之论。摘引于下：

> 近来史学家研究我国历史，把它分成四大时期：从商至西周之末，为定型时期；从东周至西汉初为过渡时期；自西汉中世至清代道光间又为定型时期；从道光间鸦片战争之后，以迄今日，又为过渡时期。……第二过渡时期的剧变，现尚在方兴未艾中。据此史观，以论述我国的学术，则诸子之学所以勃兴于春秋之末，衰歇于西汉中世之故，可以了然。现在这过渡时期，政治、经济、教育、社会各方面的变动，较之第一过渡时期，更为剧烈。第一过渡时期，有儒、道、墨、法诸家的学术思想应运而生，为我国学术史放一异彩。则此一过渡时期，必将有更精粹的学术思想产生。（第233-234页）

所有过往，皆为序章，期待过渡时期能诞生更精深的学术思想。这种期待，不独蒋伯潜有；《理学纂要》刊行于1948年，五年前，陈寅恪便在《邓广铭宋史职官志考证序》（1943）中寄言："吾国近年之学术，如考古、历史、文艺及思想史等，以世局激荡及外缘薰习之故，咸有显著之变迁。将来所止之境，今固未敢

---

① 原载《历史研究》1954年第2期，收入《金明馆丛稿初编》，三联书店2001年，第332页。

断论。惟可一言蔽之曰，宋代学术之复兴，或新宋学之建立是已。华夏民族之文化，历数千载之演进，造极于赵宋之世。后渐衰微，终必复振。"①陈寅恪、蒋伯潜都对现代学术充满了希冀；所不同者，陈寅恪明确指出了新宋学这一方向，蒋伯潜只是笼统地提出了目标而已。

《理学纂要》的结尾还有一段话：

> 一民族所以能生存于世界之上，不至因衰老而澌灭，必有其为民族生命所寄托的文化。一民族的文化，所以能存在滋长于此民族之中，不至因落伍而衰歇，必有其为文化生命所赖以持续的新陈代谢作用。而文化之所以能推陈出新，一方面必须就此民族固有的文化中，审择其可以适应时代者，而保存之，发挥之；一方面必须就自他民族新输入之文化中，审择其可以适合吾民族者，而吸收之，融化之。以此固有的文化与输入的文化之精华，熔于一炉，乃能同化而成新结晶，以产生一种新文化。……勃兴于北宋初年之新儒学的理学，即由吾国之旧儒学与国外输入的佛学所融化而成的禅学，同化结晶而成。现代新从国外输入之哲学的、科学的、政治的、宗教的、社会的学术与思想，其新颖与丰富远在佛学之上。

---

① 《金明馆丛稿二编》，三联书店2001年，第277页。

导 读

撷其精华，以与吾国固有的学术思想之精华，熔于一炉，同化之后，成为结晶，如男女青年之结婚生子然。则不久的将来，必将有更精粹的学术思想产生。（第234-235页）

上述论断，代表着进步的文化观，以民族文化为本位，熔铸中外学术思想，以期更新再造。蒋伯潜《理学纂要》之前，陈寅恪已发此宏论："其真能于思想上自成系统，有所创获者，必须一方面吸收输入外来之学说，一方面不忘本来民族之地位。此二种相反而适相成之态度，乃道教之真精神，新儒家之旧途径，而二千年吾民族与其他民族思想接触史之所昭示者也。"[1] 陈寅恪此文刊发于1933年2月20日《大公报·文学副刊》[2]，后载于1934年商务印书馆出版的冯友兰《中国哲学史》中，早于《理学纂要》十五年左右。下文将论及，蒋伯潜读过冯友兰的哲学史著作，故对陈寅恪的观点应当非常熟悉。他的上述论断，祖述陈寅恪观点，因对象是宋代理学，故阐述得更为详细。结合上述两段文字，似乎总能捕捉到蒋伯潜受陈寅恪影响的印迹，这或是今天陈寅恪热所引发的投射。陈寅恪、蒋伯潜年龄相当，二人不管是同调，还是蒋伯潜受陈寅恪的影响，都可从中管窥一时代的文化观念。

---

[1] 《冯友兰中国哲学史下册审查报告》，《金明馆丛稿二编》，三联书店2001年，第284-285页。

[2] 卞僧慧《陈寅恪先生年谱长编（初稿）》，中华书局2010年，第152页。

在结论二理学衰落的因缘部分，蒋伯潜提到梁启超《清代学术概论》用佛家"生""住""异""灭"四相来说明清代经学的变迁兴衰。受梁任公影响，《理学纂要》也将理学发展归为四期。影响蒋伯潜对理学作此分期的，恐怕是梁启超的这句断语："思潮之流转也正然，例分四期：一、启蒙期（生），二、全盛期（住），三、蜕分期（异），四、衰落期（灭）。无论何国何时代之思潮，其发展变迁，多循斯轨。"① 以此逻辑，理学是一种思潮，固然要遵循这样的发展轨迹。无论陈寅恪还是梁启超，都是20世纪上半叶思想文化界的引领者，蒋伯潜学术思想受其影响，在著述中积极回应，也在情理之中。

五、学术特色

《理学纂要》是一部特色鲜明、简明扼要的理学史。简明扼要的特点，与纂要这类著述的体式密不可分。中国古代有提要类的目录，如《郡斋读书志》《直斋书录解题》《四库全书总目提要》等，包括书名、卷数、著者生平、内容特色、价值影响等等，在目录学中已是成熟的著述体类。《理学纂要》意在撮述理学之梗概，以此之故，资料之引述、观点之论证皆求简洁明快、要言不

---

① 《清代学术概论》，上海古籍出版社1998年，第2页。

导 读

烦,全书乃至《国学汇纂丛书》整体上呈现简明扼要的特点。

分辨是《理学纂要》的鲜明特色。所谓理不辨不明,蒋伯潜长于分辨不同理学家的思想异同,言简意赅,直指根本。思辨精妙处,所在多多。

就韩愈、李翱在思想界的地位而言,后人更重韩愈,似乎成为定论或公论。蒋伯潜爬梳剔抉后,认为李翱的《复性书》三篇,学术价值远在韩愈《原性》之上,故书中不惮其烦地征引、评述《复性书》中的内容,指出其中的"性""情""格物"等,已开启宋代理学家讨论的热点问题(第一章《理学的前驱》,第12、16、17页)。在具体分析过程中,精彩的论说,触处可见。《复性书》中有一段关于动、静的说法:"方静之时,知心无思者,是斋戒也。知本无有思,动静皆离,寂然不动者,是至诚也。《中庸》曰:'诚则明矣。'《易》曰:'天下之动,贞夫一者也。'"蒋伯潜用了现代科学中绝对的静和相对的静,来具体解释所引的这段话,"'知心无思',即是上节所说无思无虑时的静。必须更进一步,'知本无有思'。本无有思,方是'寂然不动'的真静境界,方是超乎动静之静,而非与动相对之静。相对的静,静必有动。绝对的静,动静双离。至诚之寂然不动,是绝对的静,非相对的静,故能永远地保持寂然不动之本性"(第15页),这段解说思辨性极强,缜密而细致,把"至诚"境界说透了。

第二章结尾说到周敦颐与佛教徒的往来,以及《太极图》似

15

得之道教，又参以《洪范》《易传》《中庸》，最终成为儒家有系统的新学说。（第29页）因为周敦颐是宋代理学的开端人物，此章并没有用其他理学家来做比较，从著述体例上也确实不适合比较，因其他理学家尚未登场。到了第四章张载部分，则对张载与周敦颐之别详加区分：

> 周濂溪于"太极"之上，冠以"无极"，似为调和儒家之"太极"与道家之"无极"者。"太极"又似佛教所谓"依言真如"，"无极"又似佛教之"离言真如"。但谓"无极而太极"，则似以"无"为根据了。横渠只说到"太极"，不提"无极"，其所谓"太虚"者，又不可谓之"无"，且批评老子"有生于无"之说，以为错了，则是以"有"为根据的。此二子根本不同处。横渠提出一"气"字，又以性为有"天地之性""气质之性"，亦为周子所未尝说及的。濂溪对于佛教，殊少显著的排斥之论。横渠著作中，则排佛之言甚多。（第51页）

此分辨有的放矢，三点不同有据有依，且为理学中的大问题。二程虽然是兄弟，同为理学大家，但其为人、为学并不相同，这是理学史上的共识。有关二程的授学故事中，说到大程，则有如坐春风；言及小程，则有立雪之典。弟子们的讲述，亦从侧面反映出二者的差异。《理学纂要》则从多个方面予以比较、区分："以个性论，大程高明，小程沉潜。以为学的工夫论，大程从彻悟入，故贵自得而忘内外；小程从践履入，故重居敬而尚穷理。其气度亦不同，大程自然，小程严饬。其待人，其教弟子，亦复不同。"（第54页）又，"总之，明道为冬日之日，伊川为夏日之日；明道汪洋如万顷波，伊川岩岩若泰山。明道的理学，足以上接濂溪，下开象山、阳明；伊川则以朱子为其嫡派。理学自南宋之后，分为程朱、陆王二大派，其端已自二程兄弟启之。程朱派的'程'，当仅指小程子而言"（第55-56页）。此番分别可谓条分缕析、入理入情。其中所揭示的，二程子开启程朱、陆王二大派，诚为卓识。牟宗三《心体与性体》后出转精，其详加阐论发扬者，正是此论。

宋明理学的两大派——程朱、陆王之分别，在朱熹、王阳明这里得到最集中的体现，以此之故，在第十三章的结束部分谈到朱、王之别："总之，朱、王两家之异，其出发点全在'心'与'理'是二是一的问题。'心'与'理'为二，故须'即物穷理'，用力既久，然后能一旦豁然贯通。'心'即是'理'，故不必外求，但须致吾心良知之理于万事万物。前者为外索的致知，其方法为归纳的；后者为内在的致知，其方法为演绎的。王学所以成为'心学'，在理学中为异军特起的新理学，以此。阳明在理学史上所以占与朱子同样重要的地位，亦以此。"（第178页）对朱、王学术的差异，说得十分透彻。

前文所举例证，多属于两个理学家的比较；书中比较的对象最多时达六人。第十五章明清之际的理学部分，比较了明末大儒刘宗周、孙奇逢、李中孚、黄宗羲、王夫之、顾炎武六人，说道：

> 蕺山、夏峰、二曲，专以理学著；梨洲兼长史学，船山兼长经学；亭林尝谓"舍经无理学"，故即以经学为理学，所长实在经学，为清代复兴的经学之开祖。蕺山、梨洲都推崇阳明，故其学仍从王学转手。夏峰辑《理学宗传》，兼宗程、朱、陆、王。二曲于陆、王虽不无微辞，但尚依违其间。反对王学最力的，是亭林和船山。梨洲、亭林都有经世之志，梨洲著《明夷待访录》，似乎以箕子自居，待所谓武王者来访。虽其中如《原君》诸篇，在当时确是一种前进的思想，但未免有以周室视清廷之嫌，而其遣弟子万斯同及子百家参修《明史》，亦未免予人以批评。亭林也自命为王者起，必来取法，但他所望来取法的王者，却并不暗指清廷。这是六人的不同处。但他们对于王学末流之弊，都是不满的，其大节都是凛然的，又是六人的相同处。（第202页）

此段文字重在分梳明末六位大儒的不同，从专长、学术倾向和政治思想等方面详细辨别，最后归纳其相同之处。同与不同，

导　读

皆一目了然，体现了蒋伯潜深厚的分辨功力。

有些细微的问题，乍看并无不同，但经过蒋伯潜的辨析后，仿佛是捅破了窗棂纸一般。北宋理学家中，周敦颐有窗前绿草不除的佳话，程颢也有窗前茂草不除的逸事，但在蒋伯潜看来，同样是不除草，程、周之间是有区别的："大程子以为'造物生意'，周濂溪却认为和自家意思一般。'造物生意'，即天地生生不已的大德。认为和自己意思一般，便是由观察物的生意，体验出吾人的'仁'来。"（第57页）此番辨析，可见其思理细密，鞭辟入里。

需要着意指出的是，蒋伯潜重分辨，他也善于发现理学家的分辨能力，指出："朱子把'心''性''情''才'四字分别得很清楚"，"朱子把天理、人欲分辨得很明白"。（第115、116页）

对话是《理学纂要》的另一特色。《理学纂要》的16章中，若从标目上看，每章重点讲述的是特定的理学家，但在具体的编纂过程中，具体章目中的理学家都非各说各话、孤立无援。前面已注意到，分别、辨析是本书的特色之一，韩愈和李翱之别，张载与周敦颐之别，大小程之别，程门高弟之别，等等，这就使得每章讲述的虽是特定的理学家，但此理学家会时不时地被拿出来与其他理学家比较一番，从而构成对话。有了对话，便跳出了单个理学家的相对封闭的话语体系，入得其中，出得其外，这样的表述是通贯的，也是活泛的。之所以能在著述中形成对话，做到前后的呼应，恐怕与编者对考察对象的熟谙分不开。

如果说章节内容之间的呼应属于内部对话的话，那和当时哲学著述的对话则属于行内对话。后者尤见编者的视界之开放，犹如今日学术综述要做到既广且深。第六章二程部分，二程遗书中有两条："天理云者，这一个道理，更有甚穷已？不为尧存，不为桀亡。人得之者，故大行不加，穷居不损。这上头来，更怎生说得存亡加减？是它元无少欠，百理具备。""天理云者，百理具备，元无少欠，故反身而诚。"[1]并未标明是程颢还是程颐的话。《理学纂要》云："冯友兰以为或仍为伊川所说。我却认为是大程子的话。"（第69页）这是和冯友兰的学术对话。1934年商务印书馆出版了冯友兰《中国哲学史》上、下册，起于先秦孔子，迄于清代经学，冯著出版后引起了海内外学界的广泛关注，蒋伯潜自然读过冯著。从这段简短的学术对话看，蒋伯潜对冯著熟悉到何种程度——两段语录的署名如此具体的分歧；在这一具体问题上，他并不同意冯友兰的看法。学术对话，并不像日常对谈那样你问我答，你的看法白纸黑字已见于世，我在著述中认同或反对你的说法，据理论争而不是意气用事，学术对话、争鸣自然能促进对真理的探究。

在第九章陆象山部分，蒋伯潜评述道："盖象山的哲学，根本认为只有一个世界，盖以阴阳为形而上者，则所谓形而上者亦在有

---

[1]《二程集》，中华书局1981年，第31、32页。

时有空有具体活动的世界中了。朱子则以为有两个世界存在，一是无形有理的形而上的，一是有理有气有形的形而下的。故在朱子可以说'无极'二字是形容太极之为无形而有理；在象山则根本不承认有此无形而有理的别一世界之存在。这却是朱、陆哲学见解根本的差异。"（第114-115页）蒋伯潜直言不讳地注明这段评述采纳了冯友兰《中国哲学史》的说法。对冯友兰《中国哲学史》的观点，同于不可不同，异于不得不异，更见编者对具体问题的独立判断。

第十六章评述戴震物种起源说，"显与达尔文'物种原始'之说不合。但在当时，固未知有所谓'进化论'，其对于物种原始的解释，当然是哲学的，而非科学的"（第218页）。戴震生活年代比达尔文早近一个世纪，且不论东西方文化、思维之差异，学科范围亦不同，更何况他们所讨论的议题一个属于哲学，一个属于科学。此处只是简单的对比，虽无明显的高下评判，却流露出对科学思维的推崇。书中不止一次地强调，理学家所谓的"理"，是个人之意见还是万世人心所同然，需要加以区分。比如，第十六章曾说："事物之理，须就事物剖析至微而得之；而所得者是否为理，则须视其是否为人心之所同然；否则，仍是一人之意见而已。"（第222页）东原"又谓宋儒之所谓'理'，只是个人的'意见'，而非天下万世人心之所同然之理"（第224页）。从以上例子可看出，编纂者蒋伯潜在科学思潮的浸润中，"发现"了戴震著述思想中的科学成分。

通透鲜明是《理学纂要》的第三个特色。严羽《沧浪诗话》中有透彻之悟，有一知半解之悟。理学著述很容易流入艰涩枯燥之窘境，这就更需要论者对研究对象有透彻之参悟；只有体究得通透，才能说得明白清楚，才有可能让读者看得轻松易懂。蒋伯潜对理学典籍下过一番功夫，这从他对理学范畴、观点的辨析中能明显感觉到；他对理学家的理论主张，自有透彻的理解和把握。

程颢的理学体系中，"识仁"是其大者、要者，可以说是其宇宙论的基石。"仁"是生生不已的运化之力，所以《识仁篇》云："学者先须识仁。仁者浑然与物同体。"从原始儒家道德体系中的"仁"，一跃为宇宙本体论的概念，该如何解释呢？蒋伯潜便举到大程不锄窗前茂草、欲常见造物生意，来说明他由观察自然万物的生意，进而体验人之"仁"，同样，观鸡雏、切脉都可以体验到生生不已的造化之力。（第57页）为了让读者进一步理解"仁"，蒋伯潜紧接着又举大程"医书言手足痿痹为不仁"一段，通过近取譬喻的方式，举"手足不仁，气已不贯，皆不属己"的例子，来说明仁者与天地万物为一体。蒋伯潜所说的"四肢百体，而痛痒相关"（第58页），是对程颢手足麻木则不仁的解说。明乎仁者视万物与我同体，自然不难理解程颢《识仁篇》中"仁者浑然与物同体"，以及张载《西铭》中"天地之塞吾其体，天地之帅吾其性，民吾同胞，物吾同与"的意思。

理学家在阐述道理时，也并非从概念到概念、从抽象到抽象，

导　读

如上举大程说仁，就采用近取譬喻、推己及人的阐释方式，深入浅出，明白如话。这种阐述理论的方式，为后来的理学家所继承；谢良佐阐述"仁"时，在程颢的基础上又有所阐发。《理学纂要》引《上蔡语录》中的一段话："心者何也？曰仁是已。仁者何也？活者为仁，死者为不仁。今人身体麻痹，不知痛痒，谓之不仁。桃杏之核可种而生者，谓之仁，言有生于意。推此，仁可见矣。"（第82页）显然，谢良佐同样采用近取譬喻的说理方式，用桃杏之种核来释"仁"，比大程更强调"生生"，其譬喻也更为灵动。所以，蒋伯潜说"上蔡以生意说仁，本之大程子"（第82页），只需将程颢、谢良佐的相关论述加以比照，结论便不证自明，这恰好说明蒋伯潜择要之精准。如果对理学基本资料不求甚解、囫囵吞枣，很难有此透彻之领悟。

《理学纂要》的不少论断颇为精当，比如评述黄震"《日钞》中有论宋代理学诸儒者，可以考见宋代理学之大概……话虽不多，颇能撮叙两宋理学的大概"（第十一章《朱子后学》，第140页），言简意赅地概括了《黄氏日抄》的学术特点。再比如，第十二章讲到湛若水的《心性图说》时，有这样的评断："直提一'心'字，与阳明同。故其说虽与阳明略有出入，从这直提'心'字一点上看，可以说是从理学转为'心学'的枢纽。"（第161页）

判断本属理性思辨活动，但有时很难避开情感的投射。带有感性认知的评判，也是《理学纂要》中常见的论断方式。比如，在评论黄榦的地位时，说"勉斋确是朱子门人中最强毅的一个。他在朱门的声望虽然不及蔡西山，但传朱子之学的，毕竟是他"（第十一章《朱子后学》，第136页）。又如，第八章的结尾谈到朱熹排佛问题，说道："竟是臆说，硕儒如朱子，不应说这类毫无常识的话！"（第106页）书中的一些评断，带有一定的主观色彩。论断鲜明，这也是蒋伯潜时代学术著作的显著特点。

《理学纂要》初版于1948年，同类著述中，吕思勉《理学纲要》完成于1928年，比蒋伯潜《理学纂要》早了二十年；蒋维乔、杨大膺编《宋明理学纲要》，1936年由中华书局出版；夏君虞《宋学概要》，对宋代学术思想、学术流派予以全面评述，初版于1937年。同类著述虽各有特点，但无一例外都是叙述大纲节目。通体纵贯的学术视野和眼光，是那个时代的学术特点；不独理学类著述，诗学研究著述如胡云翼《宋诗研究》、庄蔚心《宋诗研究》等，名为"宋诗"，研究范围都是从宋至晚清，并未拘执于有宋一代。

《理学纂要》由正中书局出版，先后有1948、1961、1982年版三个版次。此次整理，以正中书局1982年版为底本，参校文献有《宋元学案》《明儒学案》《国朝汉学师承记》《国朝宋学渊源记》《国朝学案小识》《清儒学案》《孟子字义疏证》等，详见附录"本次整理征引文献"。

因才学浅薄，疏漏之处难免，敬请读者指正。

绪论一

什么是理学

儒家，是周秦间成立最早、声势最大的学派。因为儒家的开祖，春秋末年的孔子，开私人聚徒讲学之风；孔子的弟子门人记录师说，论纂成书的《论语》，开诸子私家著述之风（诸子之书，多非自著，由弟子后学记纂而成；《老子》一书亦非李耳过关时自著，乃后人荟萃而成。详见拙著《诸子通考》）。而孟子、荀子均祖述孔子，为儒家大师，足以继述发扬。当时可与儒家颉颃者，唯道、墨二家。而墨家不久中绝。道家，虽因汉初诸君推崇黄老，魏晋人士尚老庄，似尚为与儒家并驾之显学；然终以世主之独尊儒术，儒林之特崇经术，道家之与方士混合，又受小乘佛教之影响，而变为道教，亦渐以式微。故自秦汉以至清末，儒家之学笼罩我国，已数千年。

但是这数千年的儒学，已非孔、孟、荀之本来面目，而且它的本身，也有极显著的变化。秦始皇焚禁《诗》《书》，到汉惠帝四年，方除挟书之禁，于是藏书复出，西汉诸儒乃以传经为最重大的事业。传授之外，还得加以整理。文字的训诂，名物的考据，遂为经生重要的工作。于是儒学乃一变而为"经学"。汉儒解经，唐儒解注；风气虽有不同，其为"经学"则一。经学以先哲的经传为对象，以训诂考据为研究的工夫。其工夫是客观的，向外的。至北宋，乃又一变而为"理学"。理学以自己的身心为对象，以存养体验为进修的工夫。其工夫是主观的，内在的。《中庸》说："故君子尊德性而道问学。"经学重在道问学，理学重在尊德性。经学盛于汉，故又有"汉学"之称；理学兴于宋，故又有"宋学"之称。近人有称理学为"新儒学"者。其实，对于孔、孟、荀的儒学而言，经学也未尝不是西汉时的"新儒学"。经学的大概，拙编《经学纂要》及《十三经概论》（世界版），已略述之。本书所述，是宋元明清四代理学的大概。

　　这一派北宋时新兴的儒学，以研究修养身心的义理为主，所以叫做"理学"。研究身心的修养，当然须研究到心性，所以理学又有"性理学"之称（如《理学类编》《理学宗传》《性理大全》等书，都是记录宋元明理学诸儒的学说的）。孔子、孟子，教人为学，万语千言，不外乎做人的道理。故理学虽是北宋时新兴的学术，仍旧是祖述孔孟的儒学。《论语》记子贡之言曰："夫子之言性与天道，不可得而闻也。"《论语》中，孔子论性的话极少；如"性相近也，习相远也"，亦语焉不详。孟子主性善，荀子主性恶，儒家方有详赡的成系统的"性论"。《中庸》篇首即云:"天命之谓性,率性之谓道,修道之谓教。"此篇自司马迁以来,都认为是子思作的。似乎儒家论性,始于子思。《大学》为儒家把人生哲学和政治哲学打成一片的理论,是一篇有系统有价值的学术论文。朱子认为出于曾子。此篇以修身为齐家、治国、平天下之本,以诚意、正心为修身之本。似乎可与《中庸》相表里,以确立儒家研究心性的理论之基础。故朱子取此二篇,合以《论》《孟》,定为四书,表示孔子、曾子、子思、孟子,一脉相传的"道统",于是理学遂挑荀子,而直承孔子,成为儒学的正统。据此,似乎理学的中心完全在乎心性的研究。"理学"所以又称"性理学",便是因此。但《中庸》为子思所作,固属可信,但现存之《中庸》是否子思原书,已成问题;《大学》是否曾子所述,更滋疑问(详见拙著《诸子通考》)。这且姑置勿论,因为理学诸儒,即如王阳明反对朱子整补的《大学》,而主张古本《大学》,是仍重视《大学》,以为论"心"之根据,并非反对朱子以《四书》示道统相传的主张。但是理学研究的范围并不限于心性,自周濂溪以下,均欲以"宇宙论"为根据,建立一人生哲学。他们所讨论的宇宙问题、理气问题、理欲问题,乃至心性问题,无非一个"理"字。故名之为"理学",可以包举这派学术;名之为"性理学",反落偏际了。

《宋史》于"儒林"之外,特立《道学传》以记理学诸儒,原是特别尊崇之意。故理学又有"道学"之称。"道"和"理"原是同义的。但世俗所谓"道学先生",似乎专指严于检束、道貌岸然的学者而言,以"居敬"为主的,笃守朱子之教的理学者,尚庶几近之。陆王派的后学,不拘拘于小节者,似不能包括在内。而且以"道"名者,在周秦之际则有所谓"道家",东汉末年以后又有所谓"道教",虽然道其所道,非此所谓道,终似有易滋误会之嫌。故"道学"一名,也不如"理学"之明确。

自陆象山创"心即理"之说,王阳明更发挥光大之。这一派理学以明心见性为宗旨,与朱子一派大异。他们确偏重于心性的研究,故又有"心学"之称。这是更显然的,单指陆王一派,不能如"理学"之可以代表全体了。

绪论二

理学勃兴之因缘

无论是物是事,生长毁灭,各有其内在之"因"与外在之"缘"。学术也是如此。《诸子学纂要》曾说诸子所以勃兴于周秦之际,所以衰歇于西汉之世,各有其因缘。理学也是如此。北宋时何以有理学勃兴?理学何以独勃兴于此时?当然也有它的"因"和"缘"。

理学勃兴之"因",是在儒学本身的。质言之,即儒学本身何以发生这种极大的变化?儒学,自两汉以迄隋唐,已由孔、孟、荀的儒家之学,变为"经学"。而且所谓"经学",从西汉到东汉,到唐代,也已由注重"微言大义"的今文经学,一变而为专重训诂考据的古文经学;又由笺注经传的"注",再变而为为注作注的"疏"了。致力于文字的训诂、名物的考据、章句的分析,已有偏重书本的研究之嫌,去孔、孟、荀尊德性、论政治的学风日远。而且经生喜欢自炫博学,笺注日趋烦琐。甚者如秦延君解"尧典"

二字，解"曰若稽古"四字，至数万言，剌剌不休，诚如颜之推所讥，"博士买[①]驴，书券三纸，未有驴字"。而唐人作疏，例不破注，即注有纰漏，亦必曲说以为弥缝。有时缴绕敷衍，反使人觉得越说越糊涂。这种饾饤琐屑的、专在书本里兜圈子的经学，怎能令有知识的人士们永远在它的圈子里讨生活呢？而且研究先哲的经传，固然须先了解其文字，考究其名物；但这是手段而非目的。目的还在讨究先哲经传中所含的义理，无论是做人或治人的。现在专以研究文字名物为目的，反而把真正的目的抛弃了，不是舍本逐末吗？这是经学的末流之弊，本非汉初诸经学大师始料所及。物穷则变，变则通。儒学至此，乃不得不根本改变其沿袭千余年的学风，由客观的向外的书本的研究，转而致力于主观的内在的身心的修养了。这是理学勃兴的主因。

东汉之后，学者的专著渐少，文人的单篇渐多；这也是我国学风的一种转变。而此时的经学已渐渐地趋向没落，不足以牢笼有才识之士。于是学术衰而文艺兴，故自三国以至隋唐，诗文大盛。且文则由散文而趋于骈俪，诗则由古体而衍为近体，对偶声律，日益华靡，其间虽有韩愈提倡散文，自命卫道，但仍为文人之文章而非学者之著作。且至晚唐，骈文更格律化而成为四六文。自中唐后新兴的词，亦大盛于五代、北宋，几取诗的地位而代之。

[①] 买　底本作"卖"，据《颜氏家训·勉学》（P.177）改。

而传奇小说亦兴盛于唐。总之，自三国至五代、两宋，学术几全为文艺所掩。学术与文艺，纯为两事，学术较笃实，文艺较虚华。但某一时代的风尚，达最高潮后，势必有其反动。风气转移，又趋向于较笃实之学术的研究，也是势所必然。这是理学勃兴的副因。

理学勃兴之"缘"，是儒学本身之外的诱因，即儒学受了环境的影响，而引起变化。老实说，所谓"新儒学"的"理学"，已非纯粹的"旧儒学"，不但非孔、孟、荀的儒学，而且非汉唐经生的儒学。它已受了"道教"和"佛教"的影响，表面上虽然排斥佛老，实际上已羼入"道教"和"佛教"的分子了。我并不是说理学诸儒的排斥佛老是假的。他们是真真地在辟异端、闲圣道。但他们确已在不知不觉中受了"道""佛"的影响，接受他们一部分的方法或思想，以建立其新儒学了。佛教之正式传入我国，自东汉明帝时始。这时道家思想已渐与方士糅合，又受了佛教的影响，东汉末张道陵所创的"道教"因以成立。当初只以符咒神仙之说惑人，原是极浅薄幼稚的。后来如葛洪、魏伯阳、寇谦之辈迭起，渐渐改进，乃亦有其持之有故、言之成理的宗教理论。又经北魏及唐诸帝王的提倡，遂得与佛教、儒学鼎足而三。佛教初传入中国的，原以小乘为多。自后中土大德西游留学，印度大师东来传教，大乘理论大量输入，大为当时帝王所尊崇，学士文人亦喜与之结方外之缘。其影响我国最巨者，厥为达摩东来后所倡之"禅宗"，及"华严""唯识"诸宗。六朝、隋唐，我国学术衰落之大空位时代，领导思想者，乃为自国外输入之佛学；此为无可讳言之事实，且亦不必讳言者。至北宋之初，学风转移，自烦琐的经学、虚华的文艺，转变为较切实较深入的义理心性之研究，一方面又受"道""佛"二教的影响，遂产生此新兴的儒学。这是理学勃兴的缘。

学术的勃兴，或在世变最剧之时，或在政局与社会较为安定之际。前者如周秦诸子及魏晋间老庄思想复活之"玄学"。故儒、墨、法诸家多发挥其政见，以图改制救世；反之如道家及玄学所发挥，则多为逃避现实，消极而旷达的思想。后者则理学便是一个最显著的实例。唐代自天宝以后，叛乱相仍，早已成尾大不掉、藩镇割据之局。此种纷扰的局面，经五代十国的纷争，直至北宋开国，方得统一，方得安定。理学勃兴于此时，故理学诸儒所发挥，"修己"者多，"治人"者少，切于做人者多，骛于出世者少。这也是理学勃兴的缘。

总上所说，则理学何以勃兴于北宋中世之故，可以了然。

第一章

理学的前驱——韩愈、李翱

理学之兴，可以说是衰落已久的儒学之复兴。理学虽至北宋中世始勃然兴起，而儒学之复兴运动，则在唐代已见萌芽。或据《文中子世家》谓王通讲学河汾，弟子千余人，唐代开国功臣如魏徵、房玄龄等皆曾北面受王佐之道，及卒，弟子以为仲尼以来所未尝有，私谥为文中子。因以为儒学复兴，由王通始，王通之学，可以上承孔子，下启理学。《文中子世家》旧题杜淹撰，淹亦王通之弟子。其实杜淹之年长于王通，不得为其弟子，黄式三已辨之。

隋唐之际，倘果有大儒如王通者，则唐初人所修之《隋书》何以无传？或又谓皮日休《文中子碑》亦言魏徵、杜如晦、房玄龄、李靖、李勣等皆王通高弟。以唐人说唐代事，当不至误。不知皮日休自言生王通后二百五十余年，其述王通事，正如今人谈清初时事，其即为《文中子世家》所误，亦未可知。王通弟绩尝言白牛溪里，山似尼丘，泉凝①泗涘（见《游②北山赋》），《汾亭之操》，盖孔子《龟山》之流（见《与冯子华书》），直以其兄妄比孔子。子孙袭其唐虚，遂更为夸辞，以眩世俗。章炳麟《案唐》谓《中说》及《文中子世家》皆王通之孙王勃所谰诬，不为无见。且《中说》虽仿《论语》，其内容亦无足观。故王通不足称为复兴儒学之学者，亦非理学的前驱。

《新唐书·韩愈传》云："自晋讫隋，老佛显行，圣道不断如带……愈独喟然引圣，争四海之惑，虽蒙讪笑，跲而复奋。始若未之信，卒大显于时。昔孟轲拒③杨墨，去孔子才二百年。愈排二家，乃去圣千余岁；拨衰④反正，功与齐而倍之。所以过况、雄，为不少矣。"是复兴儒学者是韩愈了。韩愈尝作《原道》一文，引《大学》曰："古之欲明明德于天下者，先治其国；欲治其国者，先齐其家；欲齐其家者，先修其身；欲修其身者，先正其心；欲正其心者，先诚其意。"又曰："斯道也……尧以是传之舜，舜以是传之禹，禹以是传之汤，汤以是传之文、武、周公，文、武、周公传之孔子，孔子传之孟轲。轲之死，不得其传焉；荀与扬⑤也，择焉而不精，语焉而不详。"韩愈又有《原性》一文，言"性也者，与

---

① 泉凝　底本作"众疑"，据《王无功文集》（P.5）改。
② 游　底本作"落"，据《王无功文集》（P.1）改。
③ 拒　底本作"距"，据《新唐书·韩愈传》（P.5269）改。
④ 衰　底本作"乱"，据《新唐书·韩愈传》（P.5269）改。
⑤ 扬　底本作"杨"，据《韩昌黎文集校注》（P.18）改。

生俱生者也；情也者，接于物而生者也"。性有三品，情亦有三品。韩愈是文人而非学者，《原道》《原性》，俱未能鞭辟入里；其在学术史上的地位亦远不如在文学史上的地位。但《小戴礼记》之《大学》，汉以来，未有重视之者，韩愈独取其"明明德""正心""诚意"之说，表而出之；《孟子》，《汉志》本与《荀子》同列诸子之儒家，汉以来，除扬雄外，未有特崇之者，韩愈独以为能得孔子之传，其学醇乎醇，非大醇小疵的荀子所可同日语。《大学》《孟子》二书为宋代理学家所崇奉，实自韩愈启之。且心性之说，"道统"之说，尤为宋代理学家所乐道。《原道》又云："古之所谓正心而诚意者，将以有为也；今也欲治其心，而外天下国家，灭其天常。"其意盖谓佛老欲治其心，吾儒亦欲治其心，但儒者之治心是入世的，而佛老之治心则为出世的。此种根本观念，亦与理学家之采佛道之说而又排斥佛道相同。故韩愈虽不足为儒学承先启后之伟大的学者，终是儒学复兴运动之一人，且为宋代理学之前驱。

与韩愈同时者有李翱。二人之关系，当在师友之间（《新唐书·李翱传》谓翱尝从韩愈学为文章，而翱《答韩愈书》及《祭韩愈文》皆称之为"兄"）。李翱有《复性书》三篇，其学术的价值，远在韩愈《原性》之上。上篇论性、情及圣人，中篇论修养成圣之法，下篇论人必须修养。上篇曰："人之所以为圣人者，性也；人之所以惑其性者，情也……情既昏，性斯匿①矣。非性之过也；七者循环而交②来，故性不能充也。水之浑也，其流不清；火之烟也，其光不明；非水火清明之过。沙不浑，流斯清矣；烟不郁，光斯明矣；情不作，性斯充矣。"其意盖谓凡人皆有可以为圣人之清明的性。所以不能充其性而至昏溺者，由于有情惑之。故以水火为喻。水性本清，有沙浑之，则其流不清；火性本明，有烟郁之，则其光不明。佛家尝谓众生与佛皆有净明圆觉的本心；众生之本心多为无明烦恼所覆，故不发露。李翱所谓"性"，即佛家所谓"本心"；所谓"情"，即佛家所谓"无明烦恼"。后来理学家亦常有此类说法。

《复性书》上又曰："性与情，不相无也。虽然，无性则情无所生③矣。是情由性而生。情不自情，因性而情；性不自性，由情以明。"又曰："圣人者④，人之先觉者也。觉则明，否则惑，惑则昏。明与昏，谓之不同。明与昏，性本无有；则同与不同，二皆⑤离矣。夫明者，所以对昏；昏既灭，则明亦不立矣。"盖明与昏为相对的比较之词，二者皆非性所本有。如无所谓昏，则亦无所谓明。此即上文"性不自性，由情以明"二句的解释。至于

---

① 匿 底本作"溺"，据《全唐文》（P.6433）改。
② 交 底本脱，据《全唐文》（P.6433）补。
③ 情无所生 底本作"无情"，据《全唐文》（P.6433）改。
④ 者 底本无，据《全唐文》（P.6433）补。
⑤ 皆 底本作"者"，据《全唐文》（P.6433）改。

第一章 理学的前驱——韩愈、李翱

"情不自情,因性而情"者,则因情"由性而生"故。佛家谓无明烦恼亦须依净明圆觉之本心而起,正与此同。又曰:"圣人者,岂其无情也?圣人者,寂然不动,不往而到,不言而神,不耀而光,制作参乎天地,变化合乎阴阳。虽有情也,未尝有情也。""是故诚者,圣人性之也。寂然不动,广大清明,照乎天地,感而遂通天下之故;行止语默,无不处于极也。复其性者,贤人循之而不已者也。不已,则能归其源矣。"周濂溪《通书》亦言"诚者,圣人之本"。"诚无为,几善恶"。"寂然不动者,诚也;感而遂通者,神也"。盖"寂然不动"是性之体,即上文所云"情不作",亦即《中庸》所云"喜怒哀乐之未发谓之中"。情不作,故清明。圣人能常常保持此"寂然不动"之性,故能"广大清明照乎天地"。此即是"明"。但圣人亦未尝无情,所谓情不作者,并非如庄子所云:"心若死灰。""几"者动之萌。故《通书》曰:"动而未形,有无之间者,几也。"既为动之萌,则有善有恶了。圣人并不是无情,并不是长如死灰,只是能"感而遂通天下之故"。此即《中庸》所云"发而皆中节谓之和"了。故能"不往而到,不言而神,不耀而光",亦有所制作,而可以参乎天地,亦有所变化,而可以合乎阴阳。故行止语默,或动或静,而无不处于极。何以故?静固诚,动亦诚故。故虽有情,而未尝有情,情虽未尝不作,而实未尝作。《六祖坛经》曰:"无相者,于相而离相;无念者,于念而无念。"李翱所谓"无情"者,也是于情而离情。其所谓"诚者圣人性之";"复其性者,贤人循之不已而能归其源"者,即孟子所谓"尧舜性之也,汤武反之也";亦即《中庸》所谓"诚者天之道也,诚之者人之道也。诚者不勉而中,不思而得,圣人也。诚之者,择善而固执之者也";故"复其性"为贤人学圣人的修养方法。此种复性的工夫,即在"尽其性"。故引《易·系辞》赞圣人一节,而结之曰:"此非自外得之者也,能尽其性而已矣。"又引《中庸》"唯天下至诚"一节,而论之曰:"道者,至诚也。诚而不息则虚;虚而不息则明;明而不息则照天地而无遗。非他也,此尽性命之道也。"《中庸》此节谓唯天下至诚为能尽其性,能尽性者,直可以赞天地之化育而与天地参,此即《易·系辞》所谓"与天地合其德"之圣人。孟子亦曰:"尽其心者,知其性也;知其性,则知天矣。"正与此同。故李翱以为子思得其祖仲尼之道,传之孟子。《系辞》《中庸》,皆后来理学家所根据之儒家典籍,李翱特别提出之;子思得孔子之道,传之孟子,亦与理学家之说相合。《复性书》上篇末曰:"于戏[①]!性命之书虽存,学者莫能明,是故皆入于庄、列、老、释;不知者谓[②]夫子之徒不足以穷性命之道。"其意盖谓性命之道,不但为佛道二家所研究,儒书中本早已有之,其见解亦与理学家同。

《复性书》中篇设为问答,论复性的工夫。第一段说:"弗虑

[①] 于戏 底本作"呜呼",据《全唐文》(P.6434)改。
[②] 谓 底本作"乃谓",据《全唐文》(P.6434)改。

第一章　理学的前驱——韩愈、李翱

弗思，情则不生。情既不生，乃为正思。正思者，无虑无思[①]也。《易》曰：'天下何思何虑？'又曰：'闲邪存其诚。'《诗》曰：'思无邪。'"又说："此斋戒其心者也，犹未离于静焉。有静必有动，有动必有情。动静不息，是乃情也。《易》曰：'吉凶悔吝，生于动者也。'焉能复其性耶[②]？"弗思弗虑，使情不生，以闲其邪而存其诚，是斋戒其心的方法。斋戒其心，即是《庄子》所谓"心斋"。但无思无虑的"静"，是与动相对的，故有静必有动。动时，便不能无思无虑了，便不能静了。故虽不失为心斋，而未可以为复性的工夫。《孟子》言告子的不动心，乃用"不得于言，勿求于心，不得于心，勿求于气"的方法，正与此同。第二段说："方静之时，知心无思者，是斋戒也。知本无有思，动静皆离，寂然不动者，是至诚也。《中庸》曰：'诚则明矣。'《易》曰："天下之动，贞夫一者也。""知心无思"，即是上节所说无思无虑时的静。必须更进一步，"知本无有思"。本无有思，方是"寂然不动"的真静境界；方是超乎动静之静，而非与动相对之静。相对的静，静必有动；绝对的静，动静双离。至诚之寂然不动，是绝对的静，非相对的静，故能永远地保持其寂然不动之本性。做到这步工夫，方能"广大清明，照乎天地"，这就是所谓"诚则明"；方能以不变应付万变，这就是所谓"动贞夫一"。故"虽有情，未尝有情"。

---

① 无虑无思　底本作"无思无虑"，据《全唐文》（P.6434）改。
② 耶　底本作"邪"，据《全唐文》（P.6435）改。

未尝有情，故是"情不作"；情不作，性斯充，故能尽其性。这方是真的复性工夫。

物格于外，情应于内，此必至之理。欲情不作，是否当以情止情？《复性书》中篇答之曰："情者，性之邪也。知其为邪，邪本无有。心寂然①不动，邪思自息。惟性明照，邪何由生？如以情止情，是乃大情也。情互相止，其有已乎？""以情止情"是"使心无思"。吾人夜间因有所思而不能入睡，常思使心无思。不知此"使心无思"之一念即是"思"。"以情止情"，亦是如此。以情止情，则此情即止，彼情又作，情互相止，更无已时。必须更进一步，"知本无有思"。本无有思，即"邪本无有"；知此，则吾心寂然不动，邪思自息。宗密曰："真心无念，念起即觉，觉之即无。修行妙门，即在此也。"正与此同。

但是所谓"本无有思"者，并非声来而不闻，物形而不见。故又曰："不睹不闻，是非人也。视听昭昭而不起于见闻者，斯可矣。无不知也，无弗为也。其心寂然，光照天地，是诚之明也。"又引《大学》"致知在格物"句而释之曰："物，万物也；格，来也，至也。物至之时，其心昭昭然明辨焉而不著于物，是致知也，是知之至也。"（"不著"，《李翱集》作"不应"。此依《佛祖历代通载》所引致）诚则明，故"视听昭昭"；性本清明，不待接物而

---

① 然　底本脱，据《全唐文》（P.6435）补。

起，故曰"不起于见闻"。心仍寂然不动，故物至之时，虽昭昭然明辨，而仍不执着于物。"致知格物"，为宋明理学家所讨论聚讼的问题，李翱已提及它了。

李翱曾受知于梁肃，为作《感知遇赋》。而梁肃为湛于天台宗佛学之居士。《大藏经》中有梁肃的《止观统例》。释"止观"曰："夫止观何为[①]也？导万法[②]之理而复于实际者也。实际者，何也？性之本也。物之所以不能复者，昏与动使之然也。照昏者谓之明；驻动者谓之静。明与静，止观之体也。在因谓之止观；在果谓之智定。"盖以明为观之体，静为止之体。能修止观，则明且静，可以复其性之本。李翱的《复性书》似本此而加以发挥，以之拍合《易传》《大学》《中庸》以及孟子之说，而下启宋代理学之风。（金儒李屏山亦云："李翱见药峤，因著《复性书》。"）

总上所述，则李翱之为理学的前驱，其说羼入佛家之思想，采取佛家之修行妙门以为儒家修养身心之法，已可了然了。但是他的学说，仅见于这三篇《复性书》，还没有组织成一系统，虽已较韩愈进步，尚不能推为理学的开祖，止能说是理学的前驱而已。

---

① 为 底本作"谓"，据《全唐文》（P.5256）改。
② 法 底本作"化"，据《全唐文》（P.5256）改。

第二章

周濂溪

　　《宋元学案》述理学诸儒,首列安定、泰山二人学案。安定是胡瑗,泰山是孙复。全祖望《叙录》云:"宋世学术之盛,安定、泰山为其先河。程、朱二先生皆以为然。安定沉潜,泰山高明;安定笃实,泰山刚健;各得其性禀①之所近。要其力肩斯道之传则一也。安定似较泰山为更醇。小程子入太学,安定方居师席,一见异之。讲堂之所得,不已盛哉!"又云:"泰山之与安定,同学十年,而所造各有不同。安定,冬日之日也;泰山,夏日之日也。"黄百家云:"安定先生在太学日,尝以'颜子所好何学论'试诸生,得伊川作,大奇之,即请相见,处以学职,相契独深。"伊川之敬礼先生亦至。于濂溪虽尝从学,往往字之曰茂叔;于先生,非安定先生不称也。又尝语人曰:"凡从安定先生学者,其醇

---

　　① 禀　底本脱,据《宋元学案·序录》(P.1)补。

厚和易之气，一望可知。"又云："宋兴八十年，安定胡先生、泰山孙先生、徂徕石先生，始以师道明正学；继而濂洛兴矣。故理学虽至伊洛而精，实自三先生始，故晦庵有'伊川不敢忘三先生'之语。"徂徕即石介，孙泰山之弟子。百家此条按语系引黄文洁公（震）语。三子皆聚徒讲学，开理学诸儒之先河，故曰"以师道明正学"。然于理学，实无其建树。故宋代理学，终须推周濂溪为开祖。

周敦颐，字茂叔，道州营道人。原名敦实，避英宗原名之讳，改名敦颐。历任分宁主簿、南安军司理参军、知南昌县、合州判官、虔州通判、知郴州、广东转运判官、提点刑狱，均有治绩。后知南康军，因家于庐山莲花峰下。前有小溪，取其故乡营道县之濂溪以名之，故学者称濂溪先生。在南安时，通判程珦命其二子颢、颐受业。程颢曰："自再见周茂叔后，吟风弄月以归，有'吾与点也'之意。"又曰："周茂叔窗前草不除去。问之，云与自家意思一般。"侯师圣学于程颐，未悟。往访濂溪，对榻夜谈，留三日而归。颐异之，曰："非从周茂叔来耶？"黄庭坚谓其人品甚高，胸怀洒落，如光风霁月。著有《太极图说》与《通书》，为理学奠定始基。卒，年五十七。追谥元公。《宋史》入《道学传》。《宋元学案》中有《濂溪学案》。全祖望《宋元学案叙录》云："濂溪之门，二程子少尝游焉。其后伊洛所得，实不由于濂溪。是在高弟荥阳吕公已明言之；其孙紫微又申言之。今观二程子终身不甚推濂溪，并未得与马、邵之列，可以见二吕之言不诬也。晦翁、南轩始确然以为二程子所自出，自是后世宗之；而疑者亦踵相接焉。然虽疑之，而皆未尝考及二吕之言以为证，则终无据。予谓濂溪诚入圣人之室，而二程子未尝传其学，则必欲沟而合之，良无庸矣。"黄百家云："孔孟而后，汉儒止有传经之学，性道微言之绝久矣。元公崛起，二程嗣之，又复横渠诸大儒辈出，圣学大昌。故安定、徂徕有儒者之矩范，然仅可谓有开之必先。若论阐发心性义理之精微，端赖元公之破暗也。"黄说甚是，故本编以周濂溪为理学之开祖。全氏谓二程子未尝传其学，以二吕之言为据，但亦无害于周子之为理学开祖。

周子的《通书》和《太极图说》，为理学名著；其所以成为理学之开祖者以此。《宋儒学案》首列《通书》，次列《太极图说》。黄百家云："性理首《太极图说》。兹首《通书》者，以《太极图说》，后儒有尊之者，亦有议之者，不若《通书》之纯粹无疵也。"按朱子曰："《周子通书》本号《易通》。"此书共四十章：（1）《诚》上，（2）《诚》下，（3）《诚几德》，（4）《圣》，（5）《慎动》，（6）《道》，（7）《师》，（8）《幸》，（9）《思》，（10）《志学》，（11）《顺化》，（12）《治》，（13）《礼乐》，（14）《务实》，（15）《爱敬》，（16）《动静》，（17）《乐》上，（18）《乐》中，（19）《乐》下，（20）《圣学》，（21）《公明》，（22）《理性命》，（23）《颜子》，（24）《师友》上，（25）《师友》下，（26）《过》，（27）《势》，（28）

《文辞》,(29)《圣蕴》,(30)《精蕴》,(31)《乾损益动》,(32)《家人睽复无妄》,(33)《富贵》,(34)《陋》,(35)《拟议》,(36)《刑》,(37)《公》,(38)《孔子》上,(39)《孔子》下,(40)《蒙艮》。朱子曾释之。曹端有《述解》,为朱注之义疏。《宋儒学案》载此书全文,附黄梨洲笺注,采刘蕺山说甚多。第一章后笺云:"濂溪为后世儒者鼻[1]祖。《通书》一编,将《中庸》道理又翻新谱,直是勺水不漏。"黄东发曰:"《周子通书·诚上》章主天而言,故曰'诚者,圣人之本'。言天之诚即人之所得以为圣者也。《诚下》章主人而言,故曰'圣,诚而已矣'。言人之圣即所得于天之诚也。《诚几德》章言诚之得于天者皆自然,而几有善恶,要当察其几之动[2],以全其诚为我之德也。《圣章》言由诚而达于几为圣人,其妙用尤在于感而遂通之神。盖诚者不动,几者动之初,神以感而遂通,则几之动也。纯于善,此其为圣也。诚一而已。人之不能皆圣者,系于几之动,故《慎动》次之。动[3]而得正为道,故道次之。得正为《道》,不沦于性质之偏者能之,则王者之师也,故《师》次之。人必有耻则可教,而以闻过为幸,故《幸》次之。闻于人,必思于己,故《思》次之。师以问之矣,思以思之矣,在力行而已,故《志学》次之。凡此十章,上穷性命之原,必以体天为学问之本,所以修己之功,既广大而详

---

[1] 鼻 底本作"开",据《宋元学案》(P.482)改。
[2] 动 底本作"德",据《宋元学案》(P.494)改。
[3] 动 底本作"慎",据《宋元学案》(P.495)改。

密矣。推以治人，则《顺化》为上，与天同功也。《治》为次，纯心用贤也。《礼乐》又其次，治定而后礼乐可兴也。继此，为《务实》章，《爱敬》章，又所以斟酌人品而休休然与之为善。盖圣贤体天立极之道备矣。余章皆反覆此意以丁戒人心，使自知道德性命之贵，而无陷辞章利禄之习。开示圣蕴，终以主静，庶几复其不善之动，以归于诚，而人皆可圣贤焉。"此皆总论《通书》者，而黄氏之说尤详。黄百家云："《蒙》《艮》二卦，义似不相连；《通书》以卒①章者，思四十章中屡言师道，盖元公以师道自任，《蒙》以养正为圣功，而《艮》有始终成物之义。殆隐然欲以先觉觉后觉乎？"此谓周濂溪以师道自任，其言甚是。朱子谓其宏纲大用既非秦汉以来诸儒所及，而其条理之密，意味之深，又非今世学者所能骤窥，可谓备极推崇。原书今存，文繁不录。

《太极图说》为说《太极图》而作。其图如右：

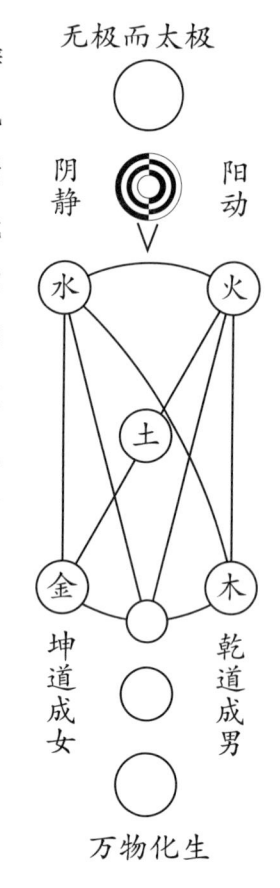

---

① 卒　底本作"举"，据《宋元学案》（P.494）改。

第二章　周濂溪

《太极图说》云："无极而太极。太极动而生阳，动极而静；静而生阴，静极复动；一动一静，互为其根。阳变阴合，而生水火木金土。五气顺布，四时行焉。五行，一阴阳也；阴阳，一太极也；太极，本无极也。二五之精，妙合而凝。乾道成男，坤道成女。二气交感，化生万物。万物生生，而变化无穷焉。惟人也，得其秀而最灵。形既生矣；神发知矣；五性感动，而善恶分，万事出矣。圣人定之以中正仁义（自注："圣人之道，仁义中正而已矣。"），而主静（自注："无欲，故静。"），立人极焉。故圣人与天地合其德，日月合其明，四时合其序，神鬼合其吉凶。君子修之，吉；小人悖之，凶。故曰：'立天之道，曰阴与阳；立地之道，曰柔与刚；立人之道，曰仁与义。'又曰：'原始反终，故知死生之说。'大哉《易》也，斯其至矣！"

《宋史·儒林传·朱震传》云："震经学醇深，有《汉上易解》。其《经筵表》有云：'陈抟以《先天图》传种放，放传穆修，修传李之才，之才传邵雍。放以《河图》《洛书》传李溉，溉传许坚，坚传范谔昌，谔昌传刘牧。穆修以《太极图》传周敦颐。'"是谓周濂溪的《太极图》，邵康节的《先天图》，都渊源于宋初的道士陈抟。毛奇龄《太极图说遗议》云："《参同契》诸图，自朱子注后，学者多删之。惟彭本有《水火匡廓图》《三五至精图》等。周濂溪《太极图》之第二图即取《参同契》之《水火匡廓图》（注云："此图一方为坎卦，一方为离卦。"），第三图即取《参同契》之《三五至精图》。"《周易参同契》相传为东汉末魏伯阳所作,道教中称为"丹经王"。是谓周濂溪的《太极图》,渊源于道教的《周易参同契》。黄宗炎《太极图辨》、朱彝尊《太极图授受考》,都说濂溪之《太极图》,本名《无极图》。陈抟居华山,以《无极图》刊于石壁。其最下一圈名为"玄牝之门"。稍上一圈名为"炼精化气,炼气化神"。中层左木火右金水中土相联之图名为"五气朝元"。又其上之中分黑白而相间杂之一圈名为"取坎填离"。最上一圈名为"炼神返虚,复归无极"。是又谓周濂溪的《太极图》即陈抟的《无极图》。总而言之,本是道教的东西。陆象山《与朱子书》,据其兄梭山之说,谓《太极图》与《通书》不类,疑非周子所为;不然,或是其学未成时所作;不然,则或是传他人之文。因为《通书》只言太极,不言无极。朱、陆二子往返辨论太极无极的书信很多。可见理学家中对此图也有怀疑的。但此图实为周子的"宇宙论",《通书》则根据他的宇宙论发挥为人生哲学,所以二者有密切关系。

《太极图说》曰:"太极动而生阳,动极而静,静而生阴,静极复动。一动一静,互为其根。"《通书·动静》章曰:"动而无静,静而无动,物也。动而无动,静而无静,神也。动而无动,静而无静,非不动不静也。物则不通,神妙万物。"物,于动时只有动,于静时只有静,故曰"物则不通"。太极,则动极而静,静极复动;动中有静,故动而无动;静中有动,故静而无静;但又非不动不静之谓，乃一动一静互为其根；故曰"神妙万物"。

《太极图说》又曰："阳变阴合而生水火木金土。五气顺布，四时行焉。五行，一阴阳也；阴阳，一太极也；太极，本无极也。"《通书·理性命》章曰："二气五行，化生万物。五殊二实，二本则一。是万为一，一实万分。万一各正，小大有[①]定。"《太极图说》称五行为"五气"，《通书》则称阴阳为"二气"。可见周濂溪把阴阳五行都称做"气"。《通书》此节所谓"一"，即是太极，亦即是"理"。因为这一章题曰《理性命》章。"五殊二实，二本则一"者，就是说五行阴阳都以一理为本，即是都以太极为本。阴阳五行虽都是太极所生，而太极即在阴阳五行之中。故曰："五行一阴阳也，阴阳一太极也。"由此推之，则万物亦皆一之所分，而太极即在万物之中。故曰"是万为一，一实万分"。《太极图说》又曰："二气交感，化生万物。"《通书》所谓"万"，所谓"小"，即指万物；所谓"一"，所谓"大"，即指太极。太极所以能"神妙万物"，正因万物皆"一"之所分，万物中各有太极耳。

《太极图说》又曰："惟人也，得其秀而最灵。形既生矣，神发知矣。五性感动，而善恶分，万事出矣。"此言人得太极阴阳之秀，为万物之灵。太极之理纯粹至善，故人性也本来是善的。所以有善有恶者，由乎"五性感动"。《通书·诚几德》章所说

[①] 有　底本作"由"，据《周敦颐集》（P.32）改。

"诚无为，几善恶"，就是此理。《诚》章曰："诚者，圣人之本。"《圣》章曰："动而未形，有无之间者，几也。"盖以"诚"为人性本然之善。所以有善有恶，由于感动。而所谓"几"，即动而未形，有无之间者。然虽未形，已是动了，故曰"几善恶"。以《中庸》语解之，则"诚"是"喜怒哀乐之未发"，"几"是发而未形。《中庸》说："喜怒哀乐之未发，谓之中；发而皆中节，谓之和。中也者，天下之大本也；和也者，天下之达道也。致中和，天地位焉，万物育焉。"《通书·师》章曰："性者，刚柔善恶，中而已矣。"人禀阴阳二气而生。阴柔而阳刚，故人性亦有刚有柔。刚柔得乎中者为善，失乎中者为恶。所以此"中"字是指刚柔之中，不是说善恶之中。几之所以有善恶者，亦由几之发动能否得中为断。动而得中，便是"发而皆中节谓之和"了。故《通书》此章又曰："刚善，为义、为直、为断、为严毅、为干固[①]；恶，为猛、为隘、为强梁。柔善，为慈[②]、为顺、为巽；恶，为懦弱、为无断、为邪佞。惟中也者，和也，中节也，天下之达道也，圣人之事也。故圣人立[③]教，俾人自易其恶，自至其中而止矣。"惟其中，故和、故正、故为善。反之，则不中、不和，故为邪、故为恶。《太极图说》又引《易·系辞》曰："立天之道，曰阴与阳；

---

① 固　底本作"国"，据《周敦颐集》（P.20）改。
② 为慈　底本脱，据《周敦颐集》（P.20）补。
③ 立　底本作"主"，据《周敦颐集》（P.20）改。

立地之道，曰柔与刚；立人之道，曰仁与义。"《通书·顺化》章曰："天以阳生万物，以阴成万物。生，仁也；成，义也。故圣人在上，以仁育万物，以义正万民。"合上节观之，则中正所以律己，仁义所以治人。故《通书》又曰："圣人之道，仁义中正而已矣。"《太极图说》亦曰："圣人定之以中正仁义而主静，立人极焉。""人极"犹云为人之标准耳。

仁义中正之外，又云"主静"。周子自注曰："无欲，故静。"主静，必须"无欲"。故《通书·圣学》章论学圣之道曰："一为要。一者，无欲也。无欲则静虚、动直。静虚、则明；明则通。动直则公；公则溥。明通公溥，庶矣乎？"所以能至明通公溥之境者，由于静虚动直；所以能静虚动直者，由于无欲。"无欲，故静"，故曰"主静"。《通书》又曰："寂然不动者，诚也；感而遂通者，神也。"静虚，故寂然不动；动直，故感而遂通。既无欲，而静虚，故此心如镜，寂而能照；此即李翱所云"其心寂然，光照天地"，亦即《中庸》所说"诚则明"。能如此，则"物至之时，其心昭昭然明辨焉而不著于物"了，故能"感而遂通天下之故"，此即所谓"明则通"了。《通书·公》章曰："圣人之道，至公而已矣。"又曰："天地，至公而已矣。"公者，无私之谓。无欲，故无私。"溥"者，如天地之无不持载[1]，无不覆帱。所以能溥而不

---

[1] 载　底本作"戴"，据《四书章句集注》(P.37) 改。

偏者，正以公故，正以无欲无私故耳。《太极图说》引《易·系辞》语，谓"圣人与天地合其德"，即以此。与天地合德，故能赞天地之化育而与天地参。

由上所述，可见《太极图说》与《通书》是有密切关系的。前贤所以多疑太极图说者，不过因《太极图》的来历，带有道教的意味而已。这二书，是根据《易传》与《中庸》的。但是《易·系辞》说："《易》有太极，是生两仪。两仪生四象。四象生八卦。""两仪"指阴阳。《太极图说》止取太极、两仪，不取四象八卦，而易之以五行。五行之说，出于《尚书》之《洪范》。则又合《洪范》于《易》了。

世传周子从学于润州鹤林寺僧寿涯，参禅于黄龙山之慧南，问道于黄龙山之晦堂祖心，谒庐山归宗寺之佛印了元，师庐山东林寺之常聪。南宋初，僧感山所著《云卧纪谈》曰："周子居庐山时，追慕往古白莲社故事，结青松社，以佛印为主。"常聪门人所著《纪闻》曰："周子与张子得常聪性理论及太极无极之传于东林寺。"又周子所作之诗，亦时有所流露。如《经古寺》曰："是处尘埃皆可息，时清终未忍辞官。"《宿山房》曰："久厌尘坌乐静玄，俸微犹乏买山钱。徘徊真境不能去，且寄云房一榻眠。"《题大①颠壁》曰："退之自谓如夫子，《原道》深排佛老非。不识大②

---

① ② 大 底本作"太"，据《周敦颐集》（P.67）改。

颠何似者，数书珍重寄寒衣。"（因韩愈在潮州时曾三简大颠和尚，在袁州时曾布施二衣）总之，周子与佛教徒往来，是无庸讳言的事实。所以曾有穷禅客之称（游定夫语）。至其《太极图》，则似得之道教，而参以《洪范》《易传》，与以《中庸》为根据之《通书》相合，乃成儒家有系统的新学说。其所以为理学之开祖者，即在乎此。

第三章

邵康节

汉代《纬书》中之《易》说，已有象数的倾向。此种《易》说，附在道教中，传授不绝。及北宋，乃引入儒学中，而成为"象数之学"。周子的《太极图》，即是说"象"的，但只有"象"而没有"数"。刘牧《易数钩隐图序》曾说："形由象生，象由数设。舍其数，则无以[①]见四象所由之宗矣。"一切的物都是"形"。有象而后有形，有数而后有象，则根本的根本还是"数"了。以象数著名的理学家，是和周子同时的邵康节。

邵雍，字尧夫。其先范阳人。曾祖令进，徙家衡漳。父古，徙共城。康节隐居苏门山之百源，苦学不倦。共城令李之才闻之，造其庐，授以《河图》《洛书》《八卦》《六十四卦图象》。于是探赜索隐，妙悟神契，多所自得。后又徙河南，遂为河南人。时富

---

① 以 底本作"由"，据《全宋文》第46册（P.84）改。

弼、司马光亦退居洛中，为置园宅。居洛四十年，自云未尝攒眉。所居名安乐窝，自号安乐先生。出则乘小车，一人挽之。童孺识其车音，皆曰："吾家先生至矣。"尝于天津桥上闻杜鹃声，曰："不二年，南人当入相，天下自此多事矣。"未几，神宗果相王安石。卒，年六十七。追谥康节。著有《伊川击壤集》《先天图》《皇极经世》等书。《宋史》入《道学传》。《宋元学案》有《百源学案》。全祖望《叙录》曰："康节之学，别为一家。或谓《皇极经世》只是京、焦末流。然康节之可以列圣门者，正不在此。亦犹温公之造九分者，不在《潜虚》也。"黄百家云："周、程、张、邵五子并时而生，又皆知交相好……而康节独以《图》《书》象数之学显。考其初，《先天卦图》传自陈抟；抟以授种放，放授穆修，修授李之才，之才以授先生。顾先生之教，虽受之才，其学实本于自得……盖其心地虚明，所以能推见得天地万物之理。即其前知，亦非术数之比。明道尝谓先生'振古之豪杰'。又曰：'内圣外王之道也。'……"据此，则邵子之学，羼入道教之说更多，且以象数见长，不得不说他是理学的别派了。

邵子的《皇极经世》中有《观物》篇，分内外二篇，内篇邵子自著，外篇弟子所记。内篇有曰："人也者，物之至者也。圣也者，人之至者也。人之至者，谓其能以一心观万心，一身观万身，一世观万世者焉。"又曰："以天地观万物，则万物为物；以道观天地，则天地亦为万物。"又曰："夫古今者，在天地之间，犹且暮也。以今观今，则谓之今矣；以后观今，则今亦谓之古矣。以今观古，则谓之古矣；以古自观，则古亦谓之今矣。是知古亦未必为古，今亦未必为今，皆自我而观之也。安知千古之前，万古之后，其人不自我而观之也？"又曰："夫所以谓之观物者，非以目观之也；非观之以目，而观之以心也。非观之以心，而观之以理也。圣人之所以能一万物之情者，谓其能反观也。所以谓之反观者，不以我观物也。不以我观物者，以物观物之谓也。既能以物观物，又安有我于其间哉！"外篇曰："以物观物，性也；以我观物，情也。性公而明；情偏而暗。"又曰："不我物，则能物物。"又曰："任我则情，情则蔽，蔽则昏矣；因物则性，性则神，神则明矣。"又曰："心一而不分，则能[①]应万变；此君子所以虚心而不动也。"又曰："为学养心，患在不由直道，去利欲。由直道，任至诚，则无所不通。天地之道，直而已。"此为《观物篇》之要旨。圣人所以能以一心观万心，一身观万身，一世观万世者，由其以理观之，以心观之，而非以目观之；由其以物观物，而不以我观物。能以理观物，故不为耳目所蔽；能以物观物而不以我观物，故不为我所蔽。此即周濂溪所谓"无欲故静""静虚动直"，故"其心昭昭然明辨焉而不著于物"之"明通公溥"的境界。又有《渔樵问答》，世亦传为邵子之书；晁公武《郡斋读书志》，但云邵氏言其祖之书。中有云："以我徇物，则我亦物也；以物徇我，

---

① 能　底本作"可以"，据《宋元学案》（P.381）改。

则物亦我也……天地亦万物也；万物亦我也，我亦万物也。何物不我？何我不物？如是则可以宰天地，可以司鬼神，而况于人乎？而况于物乎？"也是说这道理的。总之，能知"万物与我为一""天地与我同体"，则廓然大公。而所谓圣人能"反观"者，即是孟子所谓"万物皆备于我矣，反身而诚，乐莫大焉"。邵子会得此乐，故安贫乐道，生平未尝皱眉。故叶水心、魏鹤山都说他似孔门的曾晳，有浴沂风雩咏归的乐趣。他所以能成为理学大儒者以此。

《易·系辞》曰："太极生两仪，两仪生四象，四象生八卦。"八卦两两相重，则①为六十四卦。上章所述周濂溪之《太极图》，于两仪之下，不取四象而用五行。邵康节则仍用四象八卦六十四卦。《先天》诸图是邵子的"宇宙论"。他自己曾说："图虽无文，吾终日言而未尝离乎是。盖天地万物之理尽在其中矣。"今本《皇极经世》中不载诸图。《性理大全》引蔡九峰的《经世指要》，

---

① 则 底本作"明"，表意不确，据《周易本义》"八卦相交而成六十四卦"（P.262）句意改为"则"。

《宋元学案》之《百源学案》采《易学启蒙》，列有《先天》诸图。今节录数图，以见一斑。

（一）《经世衍易图》（见《经世指要》，《性理大全》引）。

按此图以"⚊"代表"动""阳""刚"之象；以"⚋"代表"静""阴""柔"之象。分上中下三层。下层为"动"（⚊），为"静"（⚋），即是"两仪"。中层须合下层观之。如"阳"与"动"合，为"⚌"，即阳之象；"阴"与"动"合，为"⚍"，即阴之象；"刚"与"静"合，为"⚎"，即刚之象；"柔"与"静"合，为"⚏"，即柔之象；此即"四象"。上层须合中下两层观之。如"太阳"为"☰"，即《乾卦》；"太阴"为"☱"，即《兑卦》；"少阳"为"☲"，即《离卦》；"少阴"为"☳"，即《震卦》；"少刚"为"☴"，即《巽卦》；"少柔"为"☵"，即《坎卦》；"太刚"为"☶"，即《艮卦》；"太柔"为"☷"，即《坤卦》；此即"八卦"。照此图所列，则八卦的次序是（1）乾，（2）兑，（3）离，（4）震，（5）巽，（6）坎，（7）艮，（8）坤。蔡九峰曰："一动一静之间者，《易》所谓太极也。动静者，《易》所谓两仪也。阳阴刚柔者，《易》所谓四象也。太阳、太阴、少阳、少阴、少刚、少柔、太刚、太柔者，《易》所谓八卦也。"

《观物内篇》曰："天，生于动者也；地，生于静者也；一动一静交，而天地之道尽之矣。动之始，则阳生焉；动之极，则阴生焉；一阴一阳交，而天之用尽之矣。静之始，则柔生焉；静之极，则刚生焉；一刚一柔交，而地之用尽之矣。动之大者谓之'太阳'，动之小者谓之'少阳'；静之大者谓之'太阴'，静之小者谓之'少阴'。太阳为日，太阴为月，少阳为星，少阴为辰，日月星辰交，而天之体尽之矣。太刚为火，太柔为水，少柔为土，少刚为石，水火土石交，而地之体尽之矣。"本节中未明言太刚、太柔、少刚、少柔；但以上文推之，则也可以说，"刚之大者为太刚，刚之小者为少刚，柔之大者为太柔，柔之小者为少柔"。《观物外篇》曰："太极既分，两仪立矣。阳下交于阴，阴上交于阳，四象生矣。阳交于阴，阴交于阳，而生天之四象；刚交于柔，柔交于刚，而生地之四象；于是八卦成矣。八卦相错，然后万物生焉。是故一分为二，二分为四，四分为八，八分为十六，十六分为三十二，三十二分为六十四。故曰'分阴分阳，迭用柔刚，《易》六位而成章'也。"又曰："太极，一也，不动。生二，二则神也……神生数，数生象，象生器。"又曰："太极不动，性也。发则神。神则数，数则象，象则器。"又曰："神无方而《易》无体。滞于一方，则不能变化，非神也。有定体，则不能变通，非《易》也。《易》虽有体；体者，象也；假象以见体，而本无体也。"盖以"一"为"太极"，不动。"生二"者，发而为动静，即是"两仪"，是"神"。代表"两仪""四象""八卦"的━与╍、☰、☷、与╍、╍，以及☰……☷，都是"象"。《易》本无体，不过假象以见其体。一、二、四、八，以至六十四，都是"数"。故曰"数生象"。至于由象而生之特殊的事物则为"器"。《观物篇》所说，可以与《经世衍易图》相印证。

周、邵二子同言"太极"，同言"两仪"，惟濂溪则兼采《洪范》之"五行"，康节则仍采《易》之"四象"，且以日月星辰为天之四象，水火土石为地之四象。邵伯温注《观物内篇》曰："或曰：'《皇极经世》舍金木水火土而用水火土石，何也？'曰：日月星辰，天之四象也；水火土石，地之四体也。金木水火土者，五行也。四象四体，先天也；五行，后天也。先天，后天之所自出也。水火土石，五行之所自出也。水火土石，本体也；金木水火土，致用也。以其致用，故谓之五行，行乎天地之间者也。水火土石，盖五行在其间矣。金出乎石，而木生于土。有石而后有金，有土而后有木。金者，从革①而后成；木者，植物之一类也……《皇极经世》用水火土石，以其本体也。《洪范》用金木水火土，以其致用也。皆有所主，其归则一。"是周、邵二子之说，似乎并不冲突了。

由右《衍易图》，乃又成一《天地四象图》。

---

① 革 底本作"草"，据《宋元学案》（P.368）改。

此图即将上文之《衍易图》，从中间剪成两半，各折成半圆，又拼成一圆形。"一动一静之间"在中为"极"，即太极。从"日"到"辰"，右行，为太阳、太阴、少阳、少阴；从"石"到"水"，左行，为少刚、少柔、太刚、太柔。则成日北、水南、星东、土西、月东南、火西北、辰东北、石西南，两两相对了。此图亦见《经世指要》中。

（二）《先天卦位图》（见《易学启蒙》及《宋元学案》之《百源学案》）。

八卦次序图

乾	兑	离	震	巽	坎	艮	坤
太阳		少阴		少阳		太阴	
阳仪				阴仪			
太极							

有《八卦次序图》《八卦方位图》《六十四卦次序图》《六十四卦方位图》等。兹录其《八卦次序图》与《八卦方位图》，以见一斑。图曰："一分为二，二分为四，四分为八也。"按一为太极，二为两仪，四为四象，八为八卦。"一分为二"，即太极生两仪；"二分为四"，即两仪生四象；"四分为八"，即四象生八卦。八卦之序，为乾一、兑二、离三、震四、巽五、坎六、艮七、坤八。其实，此图与上文之《经世衍易图》相同。乾☰为太阳，兑☱为太阴，离☲为少阳，震☳为少阴，巽☴为少刚，坎☵为少柔，艮☶为太刚，坤☷为太柔。不过第二层此图云太阳、少阴、少阳、太阴。《衍易图》则名阳、阴、刚、柔；第三层此图云阳仪、阴仪，《衍易图》则云动静；此图以太极为第四层，《衍易图》但于动静二字中注"一动一静之间"六字而已。

将《八卦次序图》从中纵截为两半，各折成一半圆，拼合之，则成《八卦方位图》。此与上文将《衍易图》变为圆形，成《天地四象图》正同。其图如下：

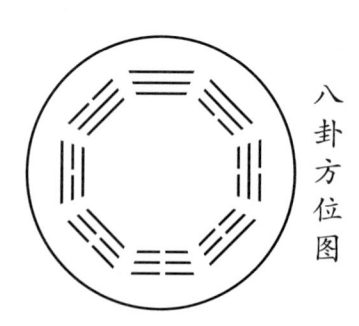

图曰："此明伏羲之八卦也。"又曰："乾南、坤北、离东、坎西、震东北、兑东南、巽西南、艮西北。自震至乾为顺，自震至坤为逆。"又曰："数往者顺，若顺天而行，是左旋也；皆已生之卦也，故云数往也。知来者逆，若逆天而行，是右行也；皆未生之卦也，故云知来也。"

《宋元学案》此条后附录胡庭芳曰："八卦之在横图，则首列乾，次兑、离、震、巽、坎、艮、坤，是为生出之序；八卦之在圆图，则首震一阳，次离兑二阳，次乾三阳，接巽一阴，次坎艮二阴，终坤三阴，是为运①行之序。"今按此图与上文《天地四象图》完全相同，不过《天地四象图》以日月星辰水火土石为名而已。《六十四卦次序图》亦为横图，不过于《八卦次序图》之上再加三层，由八分为十六，由十六分为三十二，更由三十二分为六十四。《六十四卦方位图》亦仍将《六十四卦次序图》中分纵截，各折成半圆，拼成圆图。二图并见《宋元学案》中，以过繁，不复录。

康节的八卦方位，和《周易·说卦》及《易纬乾凿度》所说不同。它们所说的八卦方位是：（1）震正东，（2）巽东南，（3）离正南，（4）坤西南，（5）兑正西，（6）乾西北，（7）坎正北，（8）艮东北。《易纬》后出，学者固多不信。《说卦》虽也晚出，而信

---

① 运 底本作"逆"，据《宋元学案》（P.389）改。

之者较多。康节以为《说卦》所说方位，是文王之后天八卦，他所定的方位是伏羲的先天八卦，所以又有"先天图"之称。这就是他得自李之才的。此外，尚有《六十四卦方位图四分四层图》《卦气图》等，亦均见于《宋元学案》。

归有光《先天图辨》，以《易图》为康节之学，其旨不叛于圣人，然不可为作《易》之本。黄宗羲《易学象数论》有《论先天图》《论天根月窟》《论八卦方位》等篇，于康节亦有微辞。黄宗炎《先天诸图辨》则直斥其非了。黄百家也说："先天卦图传自方壶，谓创自伏皇。此即《云笈七签》中云某经创自玉皇，某符传自九天玄女，固道家术士假托以高其说之常也。先生得之，而不改其名，亦无足异。顾但可自成一说，听其或存或没于天地之间。乃朱子过于笃信，谓程演周经，邵传牺画。掇入《易本义》中，竟压置于《文象》《周爻》《孔翼》之首，则未免奉螟蛉为高曾矣！"邵伯温《经世辨惑》明言《易图》之学，出自希夷。正与朱震《经筵表》之说相合。可见康节的理学，含道教的成分特多，其所以成为理学的别派，正是因此。

《皇极经世》中又有"元会运世"之说。其说以元当日，会当月，运当星，世当辰（见《观物内篇》）。又以十二会为一元，三十运为一会，十二世为一运。一元犹一年（邵伯温说，见《性理大全》引），十二会为一元，犹十二月为一年；三十运为一会，犹三十日为一月；十二世为一运，犹十二时为一日。推而大之，以三十年为一世，十二世为一运，则一运为三百六十年；三十运为一会，则一会为一万八百年；十二会为一元，则一元为十二万九千六百年。此"一元"为天地终始之年数。又以此配合六十四卦，画成诸图（如《经世挂一图》《经世既济阳图》《经世既济阴图》）。又以之推论声音，有《经世声音图》。并见《宋元学案》。并以此说，作一《世界年谱》，用"元会运世"计年（见《皇极经世》）。邵伯温的《一元消长图》就是《世界年谱》的缩影。康节之意，谓天地亦物，故亦有其终始，其寿命约为一元，即十二万九千六百年。其第一会之一万八百年，为天地之始，当六十四卦之复卦（䷗）。至第六会之一万八百年，即天地开辟五万四千年之后，方为尧舜之世，当六十四卦之乾卦（䷀），为全盛之时代。此后阴即渐盛，算至邵子当时，已是第七会之末了。照他的说法推算，则现代正在第八会的时候，此后到了第十一会，当六十四卦之剥卦（䷖），一阳不绝如线，而万物皆绝；到了第十二会，当六十四卦的坤卦（䷁），则成纯阴之象，现在的天地就寿终了。这种说法，和佛教宗密引《俱舍论颂》说天地也有"成住坏空"的论调一样，不过他是以《易经》的六十四卦做说明的根据而已。可见邵子的理学中，也不免羼入些佛教的思想。

第四章

张横渠

与周、邵二子同时而稍后的理学家,有张载和程颢、程颐。张横渠长大程子十二岁,他们初会见时,横渠三十七岁,大程子方二十五岁,且二程子于横渠为外兄弟之子,故以年辈为次,横渠当先于二程(《宋元学案》置《横渠学案》于二程之后)。

张载,字子厚。先世居大梁。父迪,知涪州,卒于官,乃侨居郿县之横渠镇,故学者称横渠先生。少有大志,喜谈兵。尝上书谒范仲淹。仲淹谓之曰:"儒者自有名教可乐,何事于兵?"授以《中庸》。乃立志求学。初求之佛老。后恍然曰:"吾道自足,何事旁求?"尝讲《易》学于京师。见二程子,与谈《易》,乃告诸生曰:"二程深明《易》道,吾不及也,可往师之。"即辍讲。举进士,官云岩令,迁渭州军事判官。召对,除崇文院校书。尝出按狱浙东。寻托病归横渠。又召为同知太常礼院。告归,至临潼,以疾卒,年五十八。著有《正蒙》《易说》《理窟》《西铭》

第四章　张横渠

《东铭》等。《宋史》入《道学传》。

横渠之学,以《易》为宗,以《中庸》为的,以礼为体,以孔孟为极。尝曰:"为天地立心,为生民立命,为往圣继绝学,为万世开太平。"其告诸生,亦谓"学必如圣人而后已"。故《宋元学案》全祖望《横渠学案叙录》曰:"横渠先生勇于造道,其门户虽微有殊于伊洛,而大本则一也。"

横渠讲学时,尝作二铭,张于讲室的两庑,东曰《砭愚》,西曰《订顽》。小程子见之,曰:"是启争端,不若曰《东铭》《西铭》。"这二篇铭,虽作于一时,而《西铭》尤为纯粹广大。程子曰:"《订顽》之言,极纯无杂,秦汉以来学者所未到,意极完备,乃仁之体也。"故程门常以《西铭》开示学者。其文曰:"乾称父,坤称母;予兹藐焉,乃浑然中处。故天地之塞吾其体,天地之帅吾其性,民吾同胞,物吾与也。大君者,吾父母宗子;其大臣,宗子之家相也;尊高年,所以长其长;慈孤弱,所以幼其幼。圣其合德,贤其秀也。凡天下疲癃残疾、茕①独鳏寡,皆吾兄弟之颠连无告者也。于是保之,子之翼也。乐且不忧,纯乎孝者也。违曰悖德②,害仁曰贼。济恶者不才;其践形唯肖者也。知化则善述其事;穷神则善继其志;不愧屋漏为无③忝;存心养性为匪懈。

---

① 茕　底本作"悍",据《张载集》(P.62)改。
② 曰悖德　底本作"德曰悖",据《张载集》(P.62)改。
③ 无　底本作"其",据《张载集》(P.62)改。

恶旨酒，崇伯子之顾养；育英才，颖封人之锡类；不弛劳而底豫，舜其功也；无所逃而待烹，申生其恭也；体其受而归全者，参乎；勇于从而顺令者，伯奇也。富贵福泽，将厚吾之生也；贫贱忧戚，庸玉汝于成也。存，吾顺事，殁，吾宁也。"刘蕺山尝谓："此篇乃求仁之学。仁者以天地万物为一体。故民胞物与，痛痒相关。医书谓手足麻痹者曰不仁。彼但知有己，不知有人者，正因不知同体的痛痒，所以不仁。本篇既以吾人之体为天地之体，吾人之性为天地之性，故视天地为父母，天下之人为同胞，天下之物为同类，其胸襟至为阔大。"程子弟子中，有谓《西铭》之主张与墨子兼爱之说无异者。程子谓《西铭》主张理一分殊，故与墨子兼爱之说不同。朱子《西铭注》所说，也是如此。其实，二者并不相同。《西铭》是哲学的见解，仍以孔子所说之仁为根据；墨子的兼爱说，则以宗教式的天志为根据，而且有功利的色彩的。

《伊洛渊源录》引吕大临所作横渠的行状说："熙宁九年秋，先生感异梦，忽以书属弟子，乃集所立言，谓之《正蒙》，出示门人曰：'此书，予历年致思之所得，其言殆与前圣合'。"可见《正蒙》是张子的重要著作。此书共十七篇：（1）《太和》,（2）《参两》,（3）《天道》,（4）《神化》,（5）《动物》,（6）《诚明》,（7）《大心》,（8）《中正》,（9）《至当》,（10）《作者》,（11）《三十》,（12）《有德》,（13）《有司》,（14）《大易》,（15）《乐器》,（16）《王禘》,（17）《乾称》。

第四章　张横渠

《太和篇》曰："'太和'，所谓'道'。"是横渠名"道"曰"太和"，故又曰："语道者知此，谓之知道。""此"，即指上文所说的"太和"。但又曰："学《易》者见此，谓之见《易》。"则"太和""道""易"，是三位一体的了。"太和所谓道"句下，又申说曰："中涵浮沉、升降、动静、相感之性，是生絪缊、相荡、胜负、屈伸之始。"《宋元学案》引高忠宪公曰："浮沉、升降、动静者，阴阳二气自然相感之理，是其体也。絪缊，交密之状。二气摩荡，胜负屈伸，如日月寒暑之往来，是其用也。"这就是说，"太和"中涵有相对而又能相感的两种性；相感则相絪缊，相摩荡，而生出相对的胜与负、屈和伸的作用。这两种性，无以名之，名之曰"阴阳"。《易·系辞》曰："一阴一阳之谓道。"即是这意思。《太和篇》又曰："两不立，则一不可见；一不可见，则两之用①息。两体者，虚实也，动静也，聚散也，清浊也；其究，一而已。"所谓"一"，即是"太和"；所谓"两"，即是相对而能相感的两种性，即是所谓"阴阳"（"浮沉""升降""动静""虚实""聚散"，只是用两两相对的字以说明"阴阳"之相对性）。《参两篇》曰："一物两体，气也。"何以又名之曰"气"呢？《太和篇》曰："散殊而可象为气；清通而不可象为神。"程子批评道："一气相涵，周②而无余。谓气外有神，神外有气，是二之也。"

---

① 用　底本作"同"，据《张载集》（P.9）改。
② 周　底本作"同"，据《宋元学案》（P.671）改。

其实横渠这两句话,并不是说"气外有神,神外有气";是就两方面说明所谓"太和",就其清通而不可象的方面说,则谓之为"神";就其散殊而可象的方面说,则谓之为"气"。所谓"气",即指"太和"中所含的阴阳二性。他所著的《易说》曰:"有两则有一,是太极也……一物而两体,其太极之谓欤?"则又以"太和"指"太极"了。《易·系辞》曰:"《易》有太极,是生两仪。"张子说"太和"中涵有阴阳二性的气,正与之同。

气不但能"散",并且能"聚"。故又曰:"气之为物,散入无形……聚为有象。"此云气"聚为有象",似乎和"散殊而可象者为气"自相矛盾了。其实,所谓"可象",只是说它仿佛可象,与实有此象不同。气散时,仿佛可象,而实无形;气聚时,方有形,方有象。以其"无形",故名之曰"太虚"。所谓"散入无形",即是散入太虚。又曰:"太虚不能无气。气不能不聚而为万物,万物不能不散而为太虚,循是出入,是皆不得已而然也。"气聚则为万物,故有形有象;万物死了,毁灭了,便又不能不散为气而复为太虚,故有无形无象。这是不得已而然的。又曰:"太虚无形,气之本体。其聚其散,变化之客形尔。"又曰:"气聚,则离明得施而有形;气不聚,则离明不得施而无形。方其聚也,安得不谓之'客'?方其散也,安得遽谓之'无'?故圣人仰观俯察,但云知幽明之故,不云知有无之故。"《易·说卦》有"离为目"的话。"离明"即指人目能见之明。气聚而为万物,则人目可见而有形；万物复散为气，则人目不得见而无形。故其有形，只是暂时的，只能谓之"客形"；其无形，只是人目不能见而已，亦不能谓之为真"无"。故又曰："气之聚散于太虚，犹冰凝释于水。知太虚即气，则无'无'。"故他所谓"太虚"，并不是无物的真空，太虚是"气之本体"，不过为人目所不能见，故为无形的，故名之曰"太虚"。人也是万物之一。人之生，不过是气之聚；人之死，不过是气之散。聚散虽殊，其为气也则一。故散亦无所灭，无所失，聚亦无所增，无所得。故曰："气之为物，散入无形，适得吾体；聚为有象，不失吾常。"明乎此，则生亦无足恋，死亦无足悲，任化而已，故曰："聚亦吾体，散亦吾体。知死之不亡者，可与言性矣。"又曰："尽性，然后知生无所得，则死无所丧。"此即孟子"夭寿不贰"的说法，自是儒家对于生死的见解。道教的求长生，是对于"生"的依恋，"有"的执着；佛教的阐明无生，则恰是相反的"无"的执着；都和儒家的见解不同。故曰："彼语寂灭者，往而不反；徇生执有者，物而不化。二者虽有间矣，以言乎失道，则均焉。"

《太和篇》又曰："天地之气，虽聚散攻取百途，然其为理也，顺而不妄。"他于"气"之外，又提出一个"理"字来了。《动物篇》说："生有先后，所以为'天序'。小大高下，相并而相[①]形

[①] 相 底本脱，据《张载集》（P.19）补。

焉，是为'天秩'。天之生物也有'序'；物之既形也有'秩'。"生物的"天序"，成物的"天秩"，大概就是所谓"理"了。生物成物，固然有所谓"理"；气之所以不能不聚而为万物，万物之所以不能不复散为气而入于太虚，所以有这种"不得已而然"的变化，也是循这个"理"而已。但他所谓"理"，只是指"气"之变化的规律秩序而言，并非以"理"与"气"相对立。所以他的"宇宙论"，仍是"一元"的，而不是"二元"的。

《太和篇》又曰："由太虚，有'天'之名；由气化，有'道'之名；合虚与气，有'性'之名；合性与知觉，有'心'之名。"这几句话，是由"宇宙论"说到心性方面。"太虚"是气之本体，虽有气而无形；其意义和我们常说的'太空'相仿佛。我们常以"太空"指"苍苍者天"，故曰"由太虚有天之名"。"气化"，则指太和中所涵的相对性的阴阳二气之变化。"一阴一阳之谓道"，故曰"由气化有道之名"。《中庸》曰："天命之谓性。"人性由于天命，故亦得天性之一部分。气聚而为人，故亦为气化之道。故曰"合虚与气，有性之名"。"合虚与气"，就是说合太虚之天与气化之道。《诚明篇》曰："天性在人，正犹水性之在冰。凝释虽异，为物一也。"人性中有天性，和冰中仍有水性一般。水之凝而为冰，也和气之聚而为人一般。人性中有天性，就是得太虚之天的一部分；气之所以凝聚而为人，就是气化之道。人有此天性，又有知觉，所以有种种心的作用。性是心的体；知觉是心的用。故

第四章　张横渠

曰"合性与知觉,有心之名"。《诚明篇》又曰:"形而后有气质之性。善反之,则天地之性存焉。故气质之性,君子有弗性者焉。"朱子曰:"气质之说,起于张程,极有功于圣门,有补于后学。前此未曾有人说到。故张程之说立,则诸子之说泯矣。"可谓推崇之至。横渠所谓"形而后有气质之性"者,"形"即是气聚而成形;成为人之后,方有所谓"气质之性"。"善反之"者,即由气质之性反而复其天地之性。是横渠的论性,是"二元"的了。又曰:"天所性者,通极于道;气之昏明不足以蔽之。"是说天地之性无不善,气质之性则因气有昏明,有善有不善了。但又曰:"性于人无不善,系其善反不善反而已。"这"性"字似仅指"天地之性",故以为"无不善",善反之,则天地之性存焉;不善反之,则纯以气质之性为主了。横渠尝言,为学之要,在自求变化气质。所谓变化气质,即是求反之天地之性。此即是孟子所云"汤武反之",也即是李翱所谓"复性"。又曰:"湛一,气之本;攻取,气之欲,口腹于饮食,鼻舌于臭味,皆攻取之性也。知德者,属厌而已,不以嗜欲累其心,不以小害大、末丧本尔。"《太和篇》有"天地之气聚散攻取百途"的话,则"攻取"原也是天地之气本有的一种作用。天地之气有"攻取",人由天地之气凝聚而成,当然也有攻取之性。口腹之欲饮食,鼻舌之欲臭味,都是"攻取"。攻取本未必是恶。但若以口腹鼻舌的攻取之欲累其心,则是以小害大,以末丧本了。气质之性有善不善,即是因此。故须善反之,以存其天地之性。不但须能反能存,还须能尽。所谓"尽性",即尽量扩充其天地之性。此天地之性,为万物所同具,故曰:"性者,万物之一源,非有我之所得私也;惟大人为能尽其道。"尽其道,即是"尽性"。又曰"天地所以长久不已之道,乃所谓诚"。尽其性,尽其道,亦即是诚。故曰:"自明诚,由穷理而尽性也;自诚明,由尽性而穷理也。"

《大心篇》曰:"大其心,则能体天下之物。物有未体,则心为有外。世人之心,止于闻见之狭。圣人尽性,不以闻见梏①其心,其视天下,无一物非我。孟子谓尽心则知性知天,以此。天大无外;故有外之心不足以合天心。"世人之心所以小者,因囿于见闻之狭。能不以闻见梏其心,故能大其心。把心境扩大来,则可以体天下之物,视天下之物无一非我;至此,吾心大至无外,方可与无外的天心相合。这就是《西铭》所说的境界,方是所谓"仁",方是修养到了极处。《大心篇》又曰:"以我视物,则我大;以道体物我,则道大。故君子之大也,大于道。大于我者,容不免狂而已。"所谓大其心,是说能以道体物,不是说以我视物。所以和妄自夸大的狂,截然不同。又曰:"见闻之知,乃物交而知,非德性所知。德性所知,不萌于见闻。"《诚明篇》曰:"诚明所知,乃天德良知,非闻见小知而已。"所谓"诚明",是"天德良

---

① 梏 底本作"牿",据《张载集》(P.24)改。

第四章　张横渠

知";"德性所知"是"不萌于见闻"的,故与物交而知的见闻小知绝异。知识方面,必须到此境界,方是真知。故又曰:"天人异用,不足以言诚;天人异知,不足以尽明。"则所谓"诚",即大其心而至"天人合一"的境界;所谓"明",即人到此境界时所具之真知了。

周濂溪于"太极"之上,冠以"无极",似为调和儒家之"太极"与道家之"无极"者。"太极"又似佛教所谓"依言真如","无极"又似佛教之"离言真如"。但谓"无极而太极",则似以"无"为根据了。横渠只说到"太极",不提"无极",其所谓"太虚"者,又不可谓之"无",且批评老子"有生于无"之说,以为错了,则是以"有"为根据的。此二子根本不同处。横渠提出一"气"字,又以性为有"天地之性""气质之性",亦为周子所未尝说及的。濂溪对于佛教,殊少显著的排斥之论。横渠著作中,则排佛之言甚多。如斥佛教之"以山河大地为见病""以六合为尘芥""以人生为幻妄""以有为赘疣""以世为荫浊"……这些正是《楞严经》的世界观、人世观,所谓"销碍入空"者。这是二子对于佛教的态度不同之处。横渠的书中,说《易》,说《中庸》,说礼乐,说为学之道……还有许多的话,原书具在,可以参阅,不复赘录。

第五章

二程（上）

　　周濂溪、邵康节、张横渠与程明道、程伊川兄弟，理学家称为"北宋五子"。但理学之光大，实自二程始。故二程子可以说是宋代理学的中坚。程氏兄弟，《宋史》俱入《道学传》。《宋元学案》中有《明道学案》与《伊川学案》。

　　程氏先世居中山，后徙河南，故二程子为河南人。

　　兄颢，字伯淳，学者称大程子。逾冠，中进士第，官鄠[①]县主簿、上元令、晋城令，均有德政。迁太子中允，监察御史里行。神宗素知其名，每召见，辄从容咨访。一日，议论至午。中官曰："御史不知上未食邪？"尝陈治道，神宗曰："此尧舜之事，朕何敢当？"大程子愀然曰："陛下此言，非天下之福也！"王安石执政，议变法，言者力攻之。大程子奉旨与议。安石方怒言者，厉色待

[①] 鄠　底本作"鄂"，据《二程集》（P.630）改。

之。大程子至，徐曰："天下事非一家私议，愿平气听之。"安石大惭。新法既行，乃乞去言职。改签书镇宁军判官。宦官程昉治河，取澶卒八百而虐用之。众逃归。群僚畏昉，闭城拒勿纳。大程子曰："彼逃死自归，勿纳必乱。"亲往开门纳之。后昉过州，见大程子，气慑而言甘。退而大言曰："澶卒之溃，程中允诱之，将诉于上。"大程子闻之，笑曰："彼方惮我，故为是言耳。"昉果不敢诉。后迁太常丞，知扶沟县。宦官王中正巡阅保甲，声势赫然。所过州县，侈为供应。惮大程子，至不敢入境。后坐逸狱，谪监汝州酒税。哲宗立，召为宗正丞，未赴而卒，年五十四。文彦博采众议，题其墓曰明道先生。后赐谥纯公。大程子资性过人，而充养有道，和粹之气，盎于面背。门人交友，从之数十年，未尝见其忿厉之容。少时，与弟小程子，从学于周濂溪，慨然有求道之志。后泛滥诸家，出入老释几十年，返求诸六经而后得之云。

弟颐，字正叔，学者谓之小程子，初称广平先生，后居伊阳，乃称伊川先生。在太学时，胡瑗以"颜子所好何学"为题试诸生。得小程子文，大赏之，延见，处以学职。同学吕希哲师事之。哲宗初，召为崇政殿说书。容貌庄严，进讲时亦不少假借。吕公著尝同侍经筵，闻其讲说，退而叹曰："真侍讲也！"士人归其门下者日盛。时苏轼在翰林，负盛名，文士多归之。小程子绳趋矩步，苏子则脱岸破崖（用朱子答刘刚中语）。两家门下，自相标榜，遂成所谓"洛党""蜀党"二派之对峙。而小程子又以天下自任，议论褒贬，无所顾避，为大臣所不悦。于是孔文仲劾之，谓为五鬼之魁。遂出管西京国子监。屡乞致仕，董敦逸又劾其去官怨望。寻坐党削籍，窜涪州。徽宗初，范致虚劾其以邪说诐行惑乱众听。乃下河南府严究，尽逐其徒。后复宣议郎，致仕。卒，年七十五。洛人畏党祸，送丧者仅张绎、范域、孟厚、尹焞[①]四人而已。小程子之学，本于至诚。衣虽布素，冠襟必整；食虽简俭，蔬饭必洁云。

二程子虽是兄弟，且同为理学大儒，而其为人为学，并不相同。朱子尝说："明道宏大，伊川亲切。""于大程夫子，当识其明快中和处。于小程夫子当识其初年之严毅，晚年又济以宽平处"。全祖望《明道学案叙录》曰："大程子之学，先儒谓其近于颜子，盖天生之完器；然哉！然哉！故世有疑小程子之言若伤我者，而独无所加于大程子。"又《伊川学案叙录》曰："大程子早卒，向微小程子，则洛学之统且中衰矣。蕺山先生尝曰：'小程子大而未化；然发明有过于其兄者。'信哉！"人的个性，有高明、沉潜二类。以个性论，大程高明，小程沉潜。以为学的工夫论，大程从彻悟入，故贵自得而忘内外；小程从践履入，故重居敬而尚穷理。其气度亦不同，大程自然，小程严饬。其待人，其教弟子，亦复不同。大程少时与弟从学于周濂溪，尝曰："自再见周茂叔后，吟

[①] 焞　底本作"惇"，据《宋元学案》（P.654）改。

风弄月，有'吾与点也'之意。"盖有得之言。《明道学案》附录中有一条说："明道终日坐，如泥塑人；然接人浑是一团和气。所谓望之俨然，接之也温。"《伊川学案》附录亦有一条说："明道犹有谑语……伊川直是谨严，坐间无问尊卑长幼，莫不肃然。"例如王安石尝讥明道曰："公之学，如上壁。"明道答曰："参政之学，如捉风。"张茂则邀伊川观画①啜茶。伊川曰："吾平生不喝茶，亦不识画。"竟拒之。两个人的态度是截然不同的。其对弟子，也是如此。明道与门人讲论，有不合者，常曰"更有商量"。伊川则直曰"不然"。伊川尝瞑目静坐。杨时、游酢二人侍立不敢去。久之，伊川顾曰："日暮矣，姑就舍。"二人出，门外已雪深尺余了。即此一事，已可想见伊川待弟子们的严毅。朱公掞见明道于汝州，归，语人曰："我在春风中坐了一月。"游酢访杨时，杨时问他从何处来。游酢曰："在春风和气中坐了三月而来。"再问之，乃从明道处来。即此二事，已可推知明道待弟子的和易。二程在汉州，宿一僧寺。明道入门而右，从者皆随之。伊川入门而左，独行。伊川自言，"此是某不及家兄处"。明道亦尝曰："异日能使人尊严师道者，吾弟也。若接引后学，随人才而成就之，则予不得让焉。"总之，明道为冬日之日，伊川为夏日之日；明道汪洋如万顷波，伊川岩岩若泰山。明道的理学，足以上接濂溪，下开象山、

---

① 画　底本作"昼"，据《宋元学案》（P.645）和下文意改。

阳明；伊川则以朱子为其嫡派。理学自南宋之后，分为程朱、陆王二大派，其端已自二程兄弟启之。程朱派的"程"，当仅指小程子而言。

二程子的著作及语录，合编为《二程遗书》。此书中所辑语录，有一部分未注明究竟是哪一程子说的。故只能先就《识仁篇》与《定性书》二文，看大程子学说的大概；就《四箴》看伊川学说的一斑，然后再从语录中寻绎比较之。

《识仁篇》曰："学者须先识仁。仁者浑然与物同体。义、礼、智、信，皆仁也。识得此理，以诚敬存之而已。不须防检，不须穷索。若心懈，则有防；心苟不懈，何防之有？理有未得，故须穷索；存久自明，安待穷索？此道与物无对，大不足以明之。天地之用，皆我之用。孟子言万物皆备于我，须反身而诚，乃得大乐。若反身未诚，则犹是二物有对。以己合彼，终未有之，又安得乐？《订顽》意思乃备言此体。以此意存之，更有何事？必有事焉而勿正，心勿忘，勿助长。未尝致纤毫之力。此其存之之道。若存得，便合有得。盖良知良能，原不丧失。以昔日习心未除。却须存习此心，久则可夺旧习。此理至约，惟患不能守。既能体之而乐，亦不患不能守也。"朱子谓程子《识仁篇》乃地位高者之事，以为非浅学者所可几。学者只合说"克己复礼为仁"。故辑《近思录》，不录此篇。但"明道之学终以《识仁》为主"，黄梨洲早就说过。朱子为学，与伊川为近，也从践履入手，故以此篇为陈义太高。实则大程子的《识仁篇》,与张横渠的《西铭》,同是理学的名著。

本篇以"识仁"二字为题。第一句便说:"学者须先识仁。"因为"仁"是难识的,难以言语形容的,所以特别提出来讨论的。大程子尝说:"切脉最可体仁。""观鸡雏可以观仁"。要"识仁",必须从观察体验中去认识。大程子说:"天地之大德曰生……万物之生意最可观。此元者善之长也,斯即所谓仁也。"天地之所以为天地,便是因为它有"生生不已"的大德。这"生生不已",即是"元者善之长",即是"所谓仁"。大程子窗前茂草覆砌,或劝芟之。曰"不可。欲常见造物生意"。周濂溪也有绿满窗前草不除的佳话。他说:"和自家意思一般。"大程子以为可以见"造物生意",周濂溪却认为和自家意思一般。"造物生意",即天地生生不已的大德。认为和自己意思一般,便是由观察物的生意,体验出吾人的"仁"来。观鸡雏也可以见生意,切脉也可以体验到生生不已的意思(因为脉搏是不间断的)。故曰"可以观仁,可以体仁"。这些可以说是"识仁"的下手工夫。

大程子又说:"医书言[1]手足痿痹为不仁。此言最善名状。仁者以天地万物为一体,莫非己也。认得为己,何所不至?若不有诸己,自与己不相干[2],如手足不仁,气已不贯,皆不属己。故博

---

[1] 言 底本作"以",据《宋元学案》(P.552)改。
[2] 自与己不相干 底本脱,据《宋元学案》(P.552)补。

施济众，乃圣人之功用。仁至难言。故曰'己欲立而立人，己欲达而达人，能近取譬，可谓仁之方也已'。欲令如是观仁，可以得仁之体。"又说："若夫至仁，则天地为一身，而天地之间，品物万形为四肢百体。夫人岂有视四肢百体而不爱者哉？圣人，仁之至者也，独能体是心而已……故'能近取譬'者，仲尼所以示子贡求仁之方也。医书以手足风顽谓之四体不仁。为其疾痛不以累其心故也。夫手足在我而疾痛不与知也，非不仁而何？世之忍心无恩者，其自弃亦若是而已。"这两条，并见于语录中。"仁"是从天地生生不已的大德中体验出来的。孟子说："恻隐之心，仁也。"又说："恻隐之心，人皆有之。""无恻隐之心，非人也"。恻隐之心，即不忍人之心，故又说"人皆有不忍人之心"，并以乍见孺子入井，皆有怵惕恻隐之心为证。人所以都有这不忍人的恻隐的仁心者，因为人本是天地的一体，天地有生生之大德。故人也有天赋的恻隐之心。仁者能体验这道理，故能扩充这人人同有的恻隐之心以为仁。至仁，则直与天地为一体，视万物为与我同体的。四肢百体，而痛痒相关。故曰："仁者浑然与物同体。"这就是所谓"天地与我同体，万物与我为一"。也即是《西铭》所说的"天地之塞吾其体，天地之帅吾其性，民吾同胞，物吾同与"的意思。吾既与天地万物为一体，何况同是人类呢？所以能就近取譬，推己及人。就消极方面说，则"己所不欲，勿施于人"；就积极方面说，则"己欲立而立人，已欲达而达人"；这就是所谓

"恕"，也就是《大学》所说的"絜矩之道"。孟子尝说："禹思天下有溺者，犹己溺之也；稷思天下有饥者，犹己饥之也。"其实，正由禹稷视天下之人与己同体，其溺也，犹己溺，其饥也，犹己饥，故思己不能使之弗溺弗饥，犹己之溺之饥之。反过来说，则残暴不仁之人，所以眼看与己同类的人在饥在溺，甚至于在被己屠杀，而毫无不忍恻隐之心者，正由他们把"我"缩得很小，故只知有己，不知有人，正和痿痹的人，连自己手足的痛痒都毫无知觉一般。生生不已为天地之大德；故仁也是人之大德。"人者仁也"，人之所以为人，正因其有仁心。故"仁"可以包括诸德目，故又曰："义、礼、知、信，皆仁也。"这两句，正是说"仁"之体。"学者须先识仁"，即是要先识得此理。

本篇又曰："识得此理，以诚敬存之而已。不须防检，不须穷索。"既"识仁"，便须"存仁"。所谓"存"，即是孟子"以仁存心"，"君子存之"的存。刘蕺山说得很好："诚者，自明而诚之谓；敬者，一于诚而不二之谓。诚只是诚此理。敬只是敬此诚。""识得此理"，是"明"。"明则诚"，故识此理，即可以诚存此理；"诚则明"，故又曰"存久自明"。诚者不贰，故诚了，自然能一而不二，自然能敬。《易》曰："闲邪存其诚。"一般人徒知"闲邪"以"存其诚"，不知存其诚即所以"闲邪"。自诚而明，故曰"存久自明"。"不须防检，不须穷索"云者，言不必于此外更别事防检，别事穷索。"诚"字，周濂溪的《通书》，已发挥得很透。"敬"

字，则是大程子特别提出来的。语录中常说"敬"，所谓"庄敬持养"，即是"以敬存之"之意。余如"敬以直内""敬胜百邪""毋不敬"各条都是说敬的。但一说到"敬"，又恐学者误会，故曰："学者须敬守此心，不可急迫。""执事须是敬，又不可矜持太过"。本篇下文引孟子"必有事焉而勿正，心勿忘，勿助长"数语。"必有事焉"，"心勿忘"，即是说"须敬守此心"，以敬存之，使心勿懈；但又不可急迫，"急迫求之"，即有意别事穷索了；又不可矜持太过，太矜持，便是有意别事防检了；此即孟子"勿正""勿助长"的意思。总之，"以诚敬存之"，是存之于内的，自然的；"防检""穷索"，是防之于外，求之于外的，是勉强的，不自然的。

本篇下文曰："此道与物无对，大不足以明之。天地之用，皆我之用。"是说明"仁者浑然与物同体"句的。言此道与天地同体，故"与物无对"，仅曰"大"，犹不足以明之。明道又尝曰："《订顽》意思，乃备言此体。"下文又曰："孟子言万物皆备于我，须反身而诚，乃为[①]大乐。若反身未诚，则犹是二物有对，以己合彼，终未有之，又安得乐……以此意存之，更有何事？"浑然与物同体，故万物皆备于我。但须反身而诚，把物我打成一片，与物无对方好。若反身未诚，则己与物犹是二物相对，虽勉强说"以己合彼"，终不是"万物皆备于我"，终不是"浑然与物同体"。

---

① 为 底本作"得"，据《宋元学案》(P.540)改。

"以此意存之"者，即是"以诚存之"。下文又曰："必有事焉而勿正，心勿忘，勿助长，未尝致纤毫之力，此其存之之道。"即是"以敬存之"。末段曰："若存得，便合有得。盖良知良能，原未丧失，以昔日习心未除。却须存习此心，久则可夺旧习。"这是说，果能以诚敬存之，便合有得。"习心""旧习"之"习"，指习染而言；与"存习此心"之习不同。后"习"字，即《论语》"学而时习之"之习。大程子于此，提出"良知良能"，为后来王阳明良知说所本。又曰："此理至约，惟患不能守。既能体之而乐，亦不患不能守也。""此理"，即上文"识得此理"句的"此理"。"守"即是"存"。"体"即体验，即所谓"识"。"乐"，即"反身而诚乐莫大焉"之乐。"体之而乐"，即是识得此理，又能反身而诚之乐。所以《识仁篇》的宗旨，是要使学者"识仁"，而且"存仁"。但"存仁"须先"识仁"，故以"识仁"名篇。

《定性书》是大程子第二篇有价值的著作。黄百家曰："横渠张子问于先生曰：'定性未能不动，犹累于外物，何如？'先生因作是篇。"（见《宋元学案》）其文曰："所谓定者，动亦定，静亦定，无将迎，无内外。苟以外物为外，牵己而从之，是以己性为有内外也。且以己性为随物于外，则当其在外时，何者为在内？是有意于绝外诱，而不知性之无内外也。既以内外为二本，则又乌可遽语定哉？"——这是首段。说明无动静、无内外、无将迎的"常定"。"常定"方是真静，绝对的静。离动言静，便非真静；是内非外，便非真性。

又曰："夫天地之常，以其心普万物而无心；圣人之常，以其情顺万物而无情；故君子之学，莫若廓然而大公，物来而顺应。《易》曰：'贞吉悔亡，憧憧往来，朋从尔思。'苟规规于外诱之除，将见灭于东而生于西也。非惟日之不足，顾其端无穷，不可得而除也。"——这是第二段。天地之心普万物而无心，这是天地的"常定"；圣人之情顺万物而无情，这是圣人的"常定"；君子之学，廓然大公，物来顺应，这是君子的"常定"。这三者并不在规规然除外诱，但能常定，故静固定，动亦定，故能顺应万物而不为外物所累。且外物之来，其端无穷，是不可得而除的。且东灭西生，是除不尽的；故也是不必除的。

又曰："人之情各有所蔽，故不能适道，大率患在于自私而用智。自私，则不能以有为为应迹；用智，则不能以明觉为自然。今以恶外物之心而求照①无物之地，是反鉴而索照也。《易》曰：'艮其背，不获其身；行其庭，不见其人。'孟氏亦曰：'所恶于智者，为其凿也。'与其非外而是内，不若内外之两忘也。两忘，则澄然无事矣。无事则定，定则明，明则尚何应物之累哉！"——这是第三段。今人之蔽，在于自私而用智。自私，则不能"廓然大公"；用智，则不能"顺应万物"。徒怀一恶外物之来之心，而欲

---

① 照　底本作"昭"，据《宋元学案》（P.547）改。

求定明于无物之地。这样是内非外，不如内外两忘。内外两忘，则不论有无外物，皆澄然无事，寂然不动，所谓静亦定，动亦定；定则此心常昭昭然明辨焉而不著于物，自然物来顺应，而不足为累了。

又曰："圣人之喜以物之当喜，圣人之怒以物之当怒；是圣人之喜怒不系于心而系于物也。是则圣人岂不应于物哉？乌[①]得以从外者为非，而更求在内者为是也？今以自私用智之喜怒而视圣人喜怒之正，为何如哉？"——这是第四段。此承上文而言。举圣人喜怒为例，以明应物从外者未必非，并以反衬今人之自私用智，自谓不为外物所累，而喜怒反不能得其正。

又曰："夫人之情，易发而难制者，惟怒为甚。第能于怒时遽忘其怒而观理之是非，亦可见外诱之不足恶，而于道亦思过半矣！"——这是末段。举最难抑制的怒为例，以示定性的方法。

刘蕺山曰："此伯子发明主静立极之说，最为详尽而无遗……主静之学，性学也。'人生而静，天之性也；感于物而动，性之欲也'。圣人常寂而常感，故有欲而实归于无欲，所以能尽其性也。常人离寂而事感，离感而求寂，故去欲而还以从欲，所以自汩[②]其天也。"其实，大程子所主之"静"，是超动静之绝对的"静"。所谓"常定"，即"寂然不动"。惟能"定"，故能"静"，即《大

[①] 乌　底本作"焉"，据《宋元学案》（P.547）改。
[②] 汩　底本作"曰"，据《宋元学案》（P.548）改。

学》所云"静而后能定"的道理。正唯能静能定，故能顺应万物，此即所谓"感而遂通"。所以能致此者，还须能"廓然大公"。大公而无私，故能内外两忘，物来顺应。其应外物之来，只是以"情顺万物而无情"。"无情"者，非真无情，只是无私情而已。故如孔子之哭颜回，尧舜之忧天下，以及文王之怒，只是当哭而哭，当忧而忧，当怒而怒，丝毫无自私之心，无用智之处。所以"定性"的根本工夫，仍在于"识仁""存仁"。所以这两篇文章，还得互相参证，求其融会贯通方对。

《四箴》，是小程子作的。其序曰："颜渊问克己复礼之目，孔子曰：'非礼勿视，非礼勿听，非礼勿言，非礼勿动'。四者，身之用也。由乎中而应于外。制乎外，所以养其中也。颜渊事斯语，所以进于圣人。后之学圣人者，宜服膺而勿失也。因箴以自警。"黄东发说，《视听言动四箴》主旨在"由中应外""制外养中"两语。今按"由中应外"，与大程子《定性书》，大旨相合。"制外养中"，便微有不同。

《视箴》曰："心兮本虚，应物无迹。操之有要，视为之则。蔽交于前，其中则迁。制之于外，以安其内。克己复礼，久而诚矣。"

《听箴》曰："人有秉[1]彝，本乎天性。知诱物化，遂亡其正。

---

[1] 秉　底本作"柔"，据《宋元学案》（P.638）改。

卓彼先觉，知止有定。闲邪存诚，非礼勿听。"

《言箴》曰："人心之动，因言以宣。发禁躁妄，内斯静专。矧是枢机，兴①戎出好。吉凶荣辱，惟其所召。伤易则诞，伤烦则支。己肆物忤，出悖来违。非法不道，钦哉训辞。"

《动箴》曰："哲人知几，诚之于思。志士厉行，守之于为。顺理则裕，从欲惟危②。造次克念，战兢自持。习与性成，圣贤同归。"

我们读了这《四箴》，便可看出小程子的修养方法，是偏于"制外养中"的。一则曰"蔽交于前，其中则迁"，再则曰"知诱物化，遂忘其正"，可见他也是和张横渠一样的深恐"犹累于外物"，和大程子的"内外两忘"是不同的了。朱子认为"学者只合说克己复礼为仁"，而以"《识仁篇》为地位高者之事，非浅学者所可几"。黄梨洲说"朱子为学与伊川为近"，即是因此。大程子从"识仁"入手，便和陆象山的"先立乎其大者"相近了。

---

① 兴　底本作"与"，据《宋元学案》(P.640)改。
② 危　底本作"违"，据《宋元学案》(P.641)改。

第六章

二程（下）

我们再从二程子的语录中，来寻绎比较其学说。

理学家常说"理"和"气"。"理"字，周濂溪《通书》的《理性命》章，邵康节的《观物篇》中，已曾提及。张横渠的《正蒙》也曾说："天地之气虽聚散攻取百途，然其为理也，顺而不妄。"但尚言而不畅。"理"字在理学中的地位之确立，自二程始。

《二程遗书》中说到"理"字的各条语录，有标明为大程子之言者。如曰："天地万物之理，无独必有对；皆自然而然，非有安排也。每中夜以思，不知手之舞之，足之蹈之也。"又曰："《诗》曰：'天生烝民，有物有则。'……万物皆有[1]理，顺之则易，逆之则难。各循其理。何劳于己力哉？"又曰："夫天之生物也，有长有短，有大有小。君子得其大矣，安可使小者亦大乎？天理如

---

[1] 有 底本作"可"，据《二程集》（P.123）改。

第六章 二程（下）

此，岂可逆哉！"又曰："服牛乘马，皆因其性而为之。胡不乘牛而服马乎？理之所不可。"又曰："天者，理也。"又有《遗书》中虽未标明，而《宋元学案》辑入《明道学案》的语录中者，也是大程子的话。如曰："吾学虽有所受，'天理'二字，却是自家拈①出来。"（谢良佐的《上蔡语录》亦引此语，明说是明道的话）又曰"天文，天之理也；人文，人之理也"。又曰："天下善恶皆天理。""事有善有恶，皆天理也"。又曰："在天为命，在义为理，在人为性，主于身为心，其实一也。""穷理尽性以至于命，三事一时并了，元②无次序。不可将穷理作知之事。若实穷得理，即性命亦可了"。又曰："学者不必远求，近取诸身，只明人理，敬而已矣；便是约处。"又曰："致知在格物。格，至也。穷理而至于物，则物理尽。"又曰："死生存亡，皆知所从来。胸中莹然无疑，止此理耳。"又曰："理则极高明。行之只是中庸也。"又曰："寂然不动，感而遂通者，天理具备，元③无欠少。不为尧存，不为桀亡。父子君臣，常理不易，何曾动来？因不动，故言寂然；虽④不动，感便通⑤，感非自外也。"又曰："圣人所由惟一理。"又曰："得此义理在此，甚事不尽？更有甚事出得？"总之，大程子

---

① 拈 底本作"招"，据《宋元学案》(P.919) 改。
② 元 底本作"原"，据《二程集》(P.15) 改。
③ 元 底本作"原"，据《二程集》(P.43) 改。
④ 虽 底本作"惟"，据《二程集》(P.43) 改。
⑤ 通 底本作"感"，据《二程集》(P.43) 改。

所谓"理",似乎只是自然的秩序与趋势。在天谓之"天理",在物谓之"物理",在人谓之"义理"。天理、物理、义理,只是一个"理"。天理是天地的自然的秩序与趋势,物理是万物的自然的秩序与趋势;义理是人的自然的秩序与趋势。人与天地万物原是一体,故"义理"即是"天理",也即是"物理"。

《二程遗书》中的语录,也有标明为小程子之言者。如曰:"寂然不动,感而遂通;此言人分上事。若论道,则万理皆具,更不说感与未感。"又曰:"观物理以察己。既能烛理,则无往而不识。""天下之物,皆可以理照;有物必有则,一物须有一理"。其《遗书》中未标明,而《宋元学案》录入《伊川学案》者更多。如曰:"一物之理,即万物之理。"又曰:"自理言之谓之天;自禀受言之谓之性,自存诸人言之谓之性。""天之赋与谓之命;禀之在我谓之性;见于事业谓之理。"又曰:"但存此涵养,久之自然天理明。"(小程子尝曰:"涵养须用敬。"此亦指敬而言)又曰:"因物而迁,则天理灭矣。""随事观理,而天下之理得矣"。又释"致知在格物"曰:"格犹穷也,物犹理也,犹曰穷其理而已矣。穷其理,然后足以致知;不穷,则不能致也。"(按朱子《大学格致补传》,自谓窃取程子之意,即指此)又曰"穷理亦多端:或读书讲明义理;或论古今人物,别其是非;或应接事物而处其当,皆穷理也。""问何以致知。曰:在明理。如多识前言往行。识之多,则理明。然人全在勉强也""语及太虚。先生曰:'亦无太虚。'

遂指虚曰：'皆是理，安得谓之虚？天下无实于理者'"。又曰："性即是理。理则自尧舜至于涂人一也。""性即理也。所谓理性是也。天下之理，原其所自，未有不善"。又曰："先王制其本者，天理也；后人流于末者，人欲也。损之义，损人欲以复天理而已。"又曰："视听言动，非礼不为，即是礼。礼即是理也。不是天理，便是私①欲。人虽有意为善，亦是非理。无人欲即皆②天理。"又曰："凡理之所当然者，非妄也。人所欲为者，乃妄也。"又曰："万物无一物失所，便是天理。"小程子的话，乍看，似与大程子无甚差别。但大程子所谓"理"，似在"物"之外的，似乎是离物而存在的。小程子虽亦说"性即理"，但又说"礼即理"，且主张穷理，须从读书，或论人，或接物，或多识前言往行中穷之，则也是求之于外的了。语录中有二条，未标明为何人的话。其一曰："天理云者，这③一个道理，更有甚穷已？不为尧存，不为桀亡。人得之者，故大行不加，穷居不损。这上头更怎生说得存亡加减？是佗④元无少欠，百理具⑤备。"其一曰："天理云者，百理具⑥备，元⑦无少次，故反身而诚。"冯友兰以为或仍为伊川所说。我却认

---

① 私 底本作"礼"，据《二程集》（P.144）改。
② 皆 底本作"是"，据《二程集》（P.144）改。
③ 这 底本作"只"，据《二程集》（P.31）改。
④ 佗 底本作"他"，据《二程集》（P.31）改。
⑤⑥ 具 底本作"俱"，据《二程集》（P.31、32）改。
⑦ 元 底本作"原"，据《二程集》（P.32）改。

为是大程子的话。不但"不为尧存,不为桀亡","天理具备,元[①]无欠少",是大程子常说的话;而且大程子曾说"穷理尽性以至于命,三事一时并了,元[②]无次序,不可将穷理作知之事",故云"天理云者,这[③]一个道理,更有甚穷已"。小程子正是"将穷理作知之事"看了。大程子所谓"穷理",与小程子不同。《上蔡语录》曰:"所谓格物穷理,须是认得天理始得。所谓天理者,自然的道理,无毫发杜撰……所谓天者,理而已。只如视听动作,一切是天……学者直[④]须明天理是自然底道理,移易不得。"说明大程子的"穷理",恰到好处。穷理只是认得天理,而天理即是自然的道理。体认得这个道理,本吾心所固有,则所谓"存久自明,何事穷索"。自然不必如小程子所说"须是今日格一件,明日格一件,习之既多,然后晓然有贯通处"了。所以大程子是先识此理,然后以之照万事万物;小程子是先即物穷理,然后得其贯通。

"气"字在理学中的地位之确立,自张横渠始。大程子未尝多说"气"。小程子虽说及,亦不甚多。如曰:"陨石无种,种于气。麟亦无种,亦气化,厥初生民亦如是。至如海滨露出沙滩,便有百虫[⑤]禽兽草木,无种而生……若已有人类,则必无气化之人。"

---

① 元 底本作"原",据《二程集》(P.32)改。
② 元 底本作"原",据《二程集》(P.15)改。
③ 这 底本作"只",据《二程集》(P.31)改。
④ 直 底本作"只",据《宋元学案》(P.918)改。
⑤ 虫 底本作"种",据《宋元学案》(P.161)改。

第六章 二程（下）

小程子似谓物之始有，皆由气化。所谓"麟无种，亦气化"，人类之初生亦气化，以今日生物学的眼光观之，似甚可笑。现有各种动物，如人、如麟，原自进化而来，不能谓之"无种"，谓之"气化"。但推其始，地球上何以忽有生物？最早的原始生物，不仍是无种的吗？则其说亦似可通。张横渠说物之生灭成毁，皆气之聚散，聚则为物，散复为气。小程子"气化"之说，也是气聚而生万物之意。但于散复为气之说，则不赞同。故曰："若谓既返之气复将为方伸之气，必资于此，则殊与天地之化不相似。天地之化，自然生生不穷。更何复资于既毙之形，既返之气，以为造化？近取诸身，其开阖往来，见之鼻息；然不必须假吸复入以为呼，气则自然生。人气之生，生于真元。天之气亦自然生生不穷。"又曰："凡物之散，其气遂尽，无复归本原[①]之理。天地如洪炉，虽生物销铄亦尽，况既散之气，岂有复在？天地造化，又焉用此既散之气？其造化者，自是生气。"又曰："真元之气，气之所由生；不与外气相杂，但以外气涵养而已。"小程子之意，以为人物既死，已散之气，即归无有。其聚而为人物之气，乃新生者；而新生之气，则生于"真元"。"真元"也是"气"，虽以"外气"涵养，但又不与外气相杂。又曰："人居天地气中，与鱼在水无异。"此语所说的"气"，似即现代人所谓"空气"。这"气"即是所谓

---

① 原　底本作"元"，据《二程集》（P.163）改。

"外气",乃所以涵养真元,而不是"真元之气"。那末,"真元之气"究竟是什么呢?小程子亦未明言。

理学家常言"形上""形下"。但大程子于此,似不甚注意。如曰:"《易·系辞》曰:'形而上者谓之道;形而下者谓之器。'又曰:'立天之道,曰阴与阳;立地之道,曰柔与刚;立人之道,曰仁与义。'又曰:'一阴一阳之谓道。'阴阳,亦形而下者也,而曰道者,惟此语截得上下最分明。元来只此是道[①],要在人默而识之也。"此条乃标明为大程子之言者。又有一条,虽未标明,似亦大程子所说:"盖上天之载,无声无臭。其体则谓之'易',其理则谓之'道',其用则谓之'神',其命于人则谓之'性',率性则谓之'道',修道则谓之'教'。孟子在其中又发挥出浩然之气,可谓尽矣……彻上彻下,不过如此。形而上为'道',形而下为'器'。器亦道,道亦器。但得'道'在,不系今与后,己与人。"阴阳为有盛衰消长的气,所以也是形而下的,但也说是"道"。可见道亦器,器亦道,形上形下,只是此道;所谓"形而上者为道,形而下者为器"者,只可如此说而已。可见他并不注意分别"形而上""形而下"了。后来陆王一派,对此亦无甚分别。

小程子对此问题,则甚注重。如曰:"'一阴一阳之谓道'。道,非阴阳也;所以一阴一阳者,道也。"又曰:"离了阴阳更无

---

① 元来只此是道 底本作"原来只此是道",据《二程集》(P.118)改。

道。所以阴阳者,是道也。阴阳,气也。气是形而下者,道是形而上者;形而上者,则是密也。"又曰:"形而上、形而下者,亦须更分明始得。"末一条虽未标明为何人所说,但亦可决为小程子语。他的意思,以为道乃形而上者,阴阳是形而下的气,故说"道非阴阳也"。《易传》说"一阴一阳之谓道"者,因"所以一阴一阳者",方是"道",不是说阴阳即是道。把形而上的道与形而下的器,分得何等清楚。

孟子主性善,荀子主性恶,《中庸》首言"天命之谓性,率性之谓道","性"已成为儒家所讨论的问题。自韩愈、李翱而后,"性"又为理学上所常提及。大程子论性的话,如曰:"在天为命,在义为理,在人为性,主于身为心,其实一也。""只心便是天。尽之,便知性。知性便知天"。"穷理尽性以至于命,三事一时并了,元无次序……若实穷得理,即性命亦可了"。又曰:"孟子曰:'仁也者,人也;合而言之,道也。'《中庸》所谓'率性之谓道'是也。"又曰:"性与天道,非自得之则不知。故曰'不可得而闻'。"他似乎把"天""命""理""道"和"心"与"性"都打成一片了。说到"善恶",则曰:"事有善有恶,皆天理也。天理中物须有美恶。盖物之不齐,物之情也。"所以者何?因为"天地万物之理,无独必有对"。"万物莫不有对。一阴一阳,一善一恶。阳长则阴消,善增则恶减"。但所谓善恶者,本亦无所谓善恶。故曰:"天下善恶皆天理。谓之恶者,非本恶,但或过或不及,便如此者，杨、墨之类。"又曰："心本善，发于思虑则有善有不善。若既发，则可谓之情，不可谓之心。"《中庸》说："喜怒哀乐之未发，谓之中；发而皆中节，谓之和。"心本善，发于思虑而为情，所以有善有不善者，因其有中节不中节；不中节，即是或过或不及了。又曰："人生气禀，理有善恶。然不是性中元①有此两物相对而生也。有自幼而善，有自幼而恶，是气禀自然也。善，固性也；然恶亦不可不谓之性也。盖'生之谓性''人生而静'以上不容说，才说性，便已不是性也。凡人说性，只是说继之者善也；孟子言性善是也。"又曰："生为气禀。寓其中之理为性。性即静，强名之曰善。自性言之，人与物无所异也。气禀即性之动。自气禀言之，万物悉为同体。然分量不同，有正与过不及之别。过不及即恶也。夫正固从天理矣；而过不及亦从天理之自然，是非本恶也。喜怒哀乐亦为性之自然，绝之不能得天真而反失天真。气禀之恶，加以人工则复于天性之善。"又曰："气禀之生，有正偏过不及者，由于昔日之习心以物为外，起外非内是之见，于内一之性内有内外二本之观；其间有自私，有用智，有为情所蔽，不能明觉自然。"是大程子说性的善恶问题，已提出"气禀"二字来了。但还不是说性中有"理""气"二字对立的。

小程子之论性，与大程子大致相同。如曰："自理言之谓之

---

① 元　底本作"原"，据《二程集》（P.10）改。

天，自禀受言之谓之性，自存诸人言之谓之心。"又曰："天之赋与谓之命，禀之在我谓之性，见于事业谓之理。""性之本谓之命，性之自然者谓之天，性之有形者谓之心，性之有动者谓之情。凡此数者，一也；圣人因事以制名，故不同若此"。又曰："性即理也，所谓理性是也。"也是把"天""性""命""理""心"以及"情"，认为是名异而实一的。说到善恶，也是归之于"气"，但说得比较肯定。如曰："气有善有不善，性则无不善也。人之所以不知善者，气昏而塞之耳。"又曰："或问'性相近也，习相远也'，性一也，何以言相近？曰：此只言气质之性也。如俗言性急性缓之类，性安有缓急？此言性者，生之谓性也。又问'上知下愚不移'，是性否？曰：此是才。须理会得性与才所以分别处……才，犹言材料，曲可以为轮，直可以为栋梁，若是毁凿坏了，岂关才事？"又曰："才禀于气。气有清浊，禀其清者为贤，禀其浊者为愚。"又曰："性出于天，才出于气。气清则才清，气浊则才浊。譬犹木焉，曲直，性也。可以为梁栋，可以为榱桷者，才也。才则有善与不善，性则[①]无不善。"又曰："性即理也，所谓理性是也。天下之理，原其所自，未有不善。喜怒哀乐之未发，何尝不善？发而中节，则无往而不善；发不中节，然后为不善。"他一方面把"不善"归之于发而不中节，固和大程子相同；但一方面

[①] 则 底本作"别"，据《二程集》（P.252）改。

又把"不善"归之于"气",以为有善有不善者,是由于"气质之性"的有清有浊。于是"理义之性"与"气质之性"遂为性中的二元。故又曰:"论性不论气,不备;论气不论性,不明。"不是比大程子所说,明白肯定得多吗?后来朱子一派理学家的论性,多祖述此说。

总上所述,二程子的学说,虽可说大致相同,而细按之,则有差别。上章曾说过,大程子《识仁篇》,才说"识得此理,以诚敬存之而已",接着又说,"不须防检,不须穷索"。而且还说:"不可将穷理作知之事。"小程子则以"穷理"为"致知"的工夫,而且主张穷之于外,似乎是"将穷理作知之事"了,似乎是"穷索"了。大程子未尝不说"敬",但才说"学者须敬守此心",又说"不可急迫";才说"执事须是敬",又说"不可矜持大过";这正是"不须防检"的注脚。小程子则特别注重"敬"字。如曰:"《易》曰:'闲邪存其诚。'闲邪则诚自存。而闲其邪者,乃在于言语、饮食、进退、与人交接而已矣。"以闲邪为存诚的工夫,与大程子的以诚存所识得之理,已是不同。且在言语、饮食、进退、交际之中闲邪,似乎正是防检了。又曰:"严威俨恪,非持敬之道,然敬须自此入。"又曰:"《记》中说'君子庄敬日强,安肆日偷'。盖常人之情,才放肆则日就旷荡,才检束则日就规矩。"是明以检束为敬了。又曰:"俨然正其衣冠,尊其瞻视,其中自有个敬处。"他既以"主一"为敬,又曰:"一者无他,只是严肃整齐,则心自一。"明以矜持为敬了。他曾说:"涵养须用敬,进学则在致知。"而致知的工夫又为穷理。故"居敬穷理"是小程子修养的重要方法。朱子之学,正是从这四字入手。所以理学的程朱派,"程"是指小程子的。

《宋史·道学传》说大程子出入老释几十年。小程子做大程子的行状,亦曰:"自十五六时,出入老释几十年。"(又见杨时所编《粹言》)高景逸曰:"先儒惟明道先生看得禅书透,识得禅弊真。"(见《宋元学案·明道学案》)可见大程子曾研究过佛学。其对于佛说的批评,如曰:"山河大地之说与我无关,要简易明白而易行。"是批评《楞严经》的。又以《华严》之"光明变相"为圣人一心之光明,是批评《华严经》的。又以"蠢动含灵,皆有佛性"为非是,是批评《涅槃经》之"一切众生皆有佛性"的。又曰:"唯觉之理,虽有敬以直内,然无义以方外,故流于枯槁或肆恣。"切中禅病,真是所谓"识得禅弊真",非"看得禅书透"者不能下此批评。又曰:"道之不明,异端害之也。昔之害近而易知;今之害深而难见。昔之惑人也,乘其暗迷;今之惑人也,由其高明。与云穷神知化,而不足开物成务;其言无不周[①]遍,实外于伦理,穷深极微而不入尧舜之道。"其排斥佛学,也和徒作隔靴搔痒的门面语者不同。

---

① 周 底本作"同",据《二程集》(P.638)改。

小程子和佛教徒，也相往来的。宋人所辑《妙喜竹林集》的"禅林实训"中，有黄龙寺的灵源给小程子的三封信。有"闻公留心此道甚久""天下大宗匠历叩殆遍""则山僧与居士相见，其来久矣""纵使相见，岂通唱和""虽未接英姿，而心契同风"等话。第一信中且曾说："顷闻老师言公见处。然老师与公相见时，已自伤慈，只欲当处和平，不肯深挑痛剧。"则小程子曾见灵源之师晦堂祖心了。又曰："岂在奔驰川陆，交接音容，然后谓之会晤。""当或附报使，万里相投，即不虚耳"。又有"世缘通塞，想断之有年，不复介意"。似乎通信在小程子窜涪州以后。这时小程子已六十五岁。以信中的话推之，似乎他们二人虽或始终未晤，而交契很深。《二程遗书》说："伊川少时多与禅客语，以观其学之浅深；后来则不睹其面，更不询问。"据上述的故事看，似与禅客往来，不仅是少年时事。小程子尝说："只是一个不动之心。释氏平生只学得这个字。"故教学者曰："学者之先务在固心志。其患纷乱时，宜坐禅入定。"这分明以佛徒的禅定教学者了。他尝说："涵养须用敬，进学则在致知。""用敬"之前，先习静坐。静坐、用敬、致知三部工夫，恰当佛教的"定""戒""慧"三者。小程子自言"一生正敬，不曾看《庄》《列》、佛书"。但他的修养方法却正和禅学的相似。他排佛的言论颇多。如曰："释氏有'理障'之说（按见《圆觉经》）。此把理字看错了。天下惟有一个的理；若以理为障，不免以理与自己分为二。"又曰："所谓

'定'，所谓'静'，实则不然；宜云'止'云'动'。"又曰："静时有知觉。有知觉则动。彼云'静而见天地之心'。某则云动而见天地之心。"又曰："释氏主忘是非。是非之道理不能忘。盖无'事外无心，心外无事'之理也。世人惟为外物所役，常苦事多。若以物附物，便为物所役了。"小程子偏重"理"，故未免有所谓"理障"。至于以艮、震二卦为根据，主以"止动"二字代"定静"二字，已仅仅是文字上的争执，且静时所有之知觉，乃止观寂照之慧，强名之为动，恐也未必尽然。他的工夫本从静坐入手，所谓"心有主时则邪不入，无主则物来夺"，正和教学者"患纷乱时宜坐禅入定"的话相合。但他又说："才说静，便入释氏之说；不宜用'静'字，只用'敬'字。"可见他先存一避混于禅的嫌疑之心，所以要避去"静"字不用的。

第七章

程门诸子

二程子门下，弟子很多。最著名的是谢上蔡与杨龟山。

谢良佐，字显道，寿春上蔡人。学者称上蔡先生。大程子知扶沟县，上蔡往从之。大程子谓人曰："此秀才拓展得开，将来有望。"后举进士，历任州县。宰应城时，胡文定安国以监司按行，至应城，问学于谢子，执后学礼甚恭。徽宗初，召见，欲大用之。以帝意不诚，乃求出监西京竹木场。时人谓"建中"年号与唐德宗同。上蔡曰："恐亦不免一番播迁。"坐此，下狱，废为民。上蔡记诵甚博，称引前史，能不差一字。凡事理会未透，其颡有泚。与小程子别一年，复见。问其进境，曰："但去得一'矜'字耳。"问何故。曰："检点病痛尽在此处。"小程子叹曰："此所谓切问而近思者也！"有《论语说》及《语录》。《宋史》入《道学传》。

杨时，字中立，南剑将乐人。学者称龟山先生。举进士，调官，不赴，而以师礼谒大程子于颍昌。其去也，大程子送之曰：

第七章 程门诸子

"吾道南矣!"及见小程子于洛,年已四十,而执弟子礼甚恭。一日,小程子方瞑坐,龟山与游定夫侍立。小程子觉,则门外雪深一尺矣。尝知余杭、萧山二县,以简易为政,不为烦苛,民皆悦服。傅国华使高丽,高丽王问杨龟山先生近在何处,还,以闻。遂召为秘书郎,累迁迩英殿说书。屡直谏。又进谏议大夫。及金兵逼京师,为城下之盟,乃屡上疏,请罪童贯等。时太学生陈东等以请留李纲、种师道,伏阙上书,军民从之者数万。朝臣忧其致乱。龟山独谓诸生忠于国家,非有他意。乃命兼国子祭酒。后又罢去。及高宗即位,除工部侍郎,兼侍讲。后即致仕。卒,年八十三。赐谥文靖。有《龟山集》及《语录》。《宋史》入《道学传》。

《宋元学案》全祖望叙《上蔡学案》曰:"洛学之魁,皆推上蔡。晦翁谓其英特过于杨、游,盖上蔡之才高也。然其堕入葱岭处,决裂亦过于杨、游。或曰:'是江民表之书,误入《上蔡语录》中'。"又叙《龟山学案》曰:"明道喜龟山,伊川喜上蔡,盖其气象相似也。龟山独邀耆寿,遂为南渡洛学大宗,晦翁、南轩、东莱,皆其所自出。然龟山之夹杂异学,亦不下于上蔡。"黄梨洲曰:"程门高弟,予①窃以上蔡为第一。《语录》尝累手录之②。语③

---

① 予 底本作"子",据《宋元学案》(P.917)改。
② 手录之 底本作"其手录",据《宋元学案》(P.917)改。
③ 语 底本作"说",据《宋元学案》(P.917)改。

者谓'道南'一派（指龟山），三传而出朱子，集诸儒之大成；当等龟山于上蔡之上。不知一堂功力，岂因后人为轩轾？且朱子之言曰：'某少时无志于学，颇藉先生之言以发其趣。'则上蔡固朱子之先河也。"全祖望曰："案谢、杨二公，谢得气刚，杨得气柔，故谢之言多踔厉风发，杨之言多优柔平缓。朱子已尝言之。而东发谓象山之学原于上蔡；盖陆亦得气之刚者也。梨洲先生天资最近乎此，故尤心折于谢。"

黄梨洲又曰："上蔡在程门中，英果明决，其论仁，以觉，以生意；论诚，以实理；论敬，以常惺惺；论穷理，以求是；皆其所独得，以发明师说者也。"按《上蔡语录》曰："心者何也？曰仁是已。仁者何也？活者为仁，死者为不仁。今人身体麻痹，不知痛痒，谓之不仁。桃杏之核可种而生者，谓之仁，言有生之意。推此，仁可见矣。"又曰："有知觉，识痛痒，便唤做仁。"这是"以生意论仁"，"以觉论仁"。又曰："诚是实理，不是专一。"这是"以实理论诚"。又曰："敬是常惺惺法，斋是事事放下，其理不同。"这是"以常惺惺论敬"。又曰："穷理则是寻个是处。"这是"以求是说穷理"。

上蔡以生意说仁，本之大程子。他又说："学佛者知此，谓之'见性'，遂以为了。圣门学者见此消息，必加功焉。故曰'回虽不敏，请事斯语矣'；'雍虽不敏，请事斯语矣'。仁，操则存，舍则亡。故曾子曰：'动容貌，正颜色，出辞气'……若夫大而化之，

第七章 程门诸子

出于自然，则正、动、出不足言矣。"可见他直以大程子的"识仁"，为即佛家之"见性"。不过佛家见性便了；儒则须加工夫。两引颜子、冉子"请事斯语"之言，意即孟子所云"必有事焉"。说"仁操则存"，亦即大程子"识得此理，以诚敬存之"的意思。曾子的"动容貌、正颜色、出辞气"，即是"诚敬"，即是所加的工夫。但又说"大而化之，出于自然，则正、动、出不足言"，颇与小程子的注重践履，有所出入。其说"格物穷理"，则曰："所谓格物穷理，须是认得天理始得。所谓天理者，自然底道理，无毫发杜撰。今人乍见孺子将入于井，皆有怵惕恻隐之心。方乍见时，其心怵惕，即所谓天理也。要誉于乡党朋友，纳交于孺子之父母兄弟，恶其声而然，即人欲耳。天理与人欲相对。有一分人欲，即灭却一分天理；有一分天理，即胜得一分人欲。人欲才肆，天理即灭矣。任私用意，杜撰做事，所谓人欲肆矣。"这话正可做大程子的注脚。又曰："学者且须是穷理。物物皆有理。穷理，则能知人[①]之所为，知天之所为，则与天为一。与天为一，无往而非理也。穷理只是寻个是处。有我，不能穷理。人谁识真我？何者为我？理便是我。穷理之至，自然不勉而中，不思而得，从容中道。曰：理必物物而穷之乎？曰：必穷其大者。理，一而已。一处理穷，逐处皆通。恕，其穷理之本欤？释与吾儒有非同非不

[①] 人　底本作"天"，据《宋元学案》(P.922)改。

同处。盖理之精微处。才有私意，便支离了。"可见他所说的穷理，与小程子的今日格一件，明日格一件不同；而所谓"穷其大者"，且以恕为本之穷理实在仍是大程子所说"学者须先识仁"。

上蔡往见小程子。小程子问："近日事如何？"对曰："天下何思何虑？"程子曰："是则是有此理，贤却发得太早。"上蔡后语人曰："当初若不得他一句救拔，便入禅家去矣。"其实，上蔡之学，禅家的意味终是不少。朱子对他的批评，即是如此，如曰："上蔡说仁说觉，分明是禅。""伊川之门，上蔡自禅门来"。"如今人说道，爱从高妙处说，便入禅去。自上蔡以来已然"。"上蔡《观复①斋记》中，说道理，全是禅底意思"。《上蔡语录》中有一条说："问：'太虚无尽，心有止，安得合一？'曰：'心有止，只为用他②。若不用，则何止？''吾丈莫已不用否？'曰：'未到此地。除是圣人便不用……'"故黄东发曰："上蔡信得命及③，养得气完，力去矜夸，名利不得而动，殆为百世师可也。第因天资之高，必欲不用其心，遂为禅学所入。虽自谓得伊川一语之救不入禅家，而终身常以禅之说证儒，未见其不入也。"上蔡尝柬胡文定曰："儒异于禅正在下学处。"则是说儒禅之所以异，仅在入手工夫之不同，到高妙精微处是一致的了。

---

① 复　底本作"后"，据《宋元学案》（P.931）改。
② 用他　底本作"他用"，据《宋元学案》（P.921）改。
③ 及　底本作"真"，据《宋元学案》（P.932）改。

第七章　程门诸子

胡文定自谓于谢、杨二子，义兼师友，而传授则各有来历：龟山所见在《中庸》，传自明道先生；吾所闻在《春秋》，传自伊川先生。即此，可见龟山之学得自大程子者为多。故其论致知格物，大致同于大程，而异于小程。如曰："致知在格物，物固不可胜穷也。反身而诚，则举天下之物在我矣……知其体物而不可遗，则天下之理得矣。天下之理得，则物与我为一矣……古之圣人，自①诚意、正心至于平天下，其理一而已，所以合内外之道也。"又曰："为是道者，必先乎明善……明善在致知，致知在格物。""天下之物，理一而分殊。知其理一，所以为仁；知其分殊，所以为义"。为道必先明善，就是大程子所谓"学者须先识仁"。明善在乎致知，致知在乎格物；而所谓格物，并不是要就物物而穷之；只是要反身而诚，得物我为一之理。这个理，便是所谓"天理"。既得此理，便须循之。故曰："事事循天理而已。""尧舜所以为万世法，率性而已；所谓率性，循天理而已"。大程子以此"浑然与物同体"之理为"仁"。就是龟山所谓"天理"。要识此理，要存此理，要循此理，便须"诚、敬"。龟山曰："圣人所谓毋②意者，岂了然如木石哉？毋③私意而已，诚意固不可无也……无诚意，是伪也。"又曰："学者若不以敬为事，便无用心处。"这

---

① 自　底本作"与"，据《宋元学案》（P.954）改。
②③ 毋　底本作"无"，据《宋元学案》（P.954）改。

又与大程子的"以诚敬存之"同意。又曰："致一之谓[①]敬；无适之谓一。"又曰："《中庸》论为天下国家有九经，所以行之者一。一者何？诚也。"又释《易》"君子敬以直内"句曰："夫尽其诚心而无伪焉，所谓直也。"则直把"诚""敬"打成一片了。

龟山之学，与禅亦有关系。如曰："总老言经中说十识，第八'庵摩罗识'，唐言白净无垢；第九'阿赖耶识'，唐言善恶种子。白净无垢，即孟子之言性善是也。"又曰："庞居士谓'神通并妙用，运水与搬柴'。此即尧舜之道在行止疾徐间。"又曰："谓形色为天性，亦犹所谓'色即是空'。"又曰："《维摩经》云：'真心是道场。'儒释至此实无二理。"黄东发尝摘此数条，责龟山溺于佛氏。龟山尝曰："学者所以不免求之释老，为其有高明[②]处。六经中自有妙理，却不深思，只于平易中认了。曾不知圣人将妙理只于寻常事说了。"此种心理，实为理学诸儒所同具，但不肯坦然说出而已。他不但以佛说证儒理，并常引道家之言。如谓《庄子·逍遥游》即说"无入而不与得"，《养生主》即说"行其所无事"，故黄梨洲说："龟山学问，从《庄》《列》入手。"

谢良佐曰："伯淳最爱中立，正叔最爱定夫，二人气象相似也。"定夫即游酢，亦程门高第，与谢、杨齐名。

---

① 谓　底本作"为"，据《宋元学案》（P.950）改。
② 明　底本作"妙"，据《宋元学案》（P.949）改。

第七章　程门诸子

游酢，字定夫，学者称廌山先生，建州建阳人。小程子以事至京师，一见，谓其资可进道。时大程子知扶沟县，兄弟方聚徒讲学，以昌明圣道为己任。定夫应其招，往从之，因受业。后登进士第。历官知河阳县。范纯仁判河南，待以国士。及纯仁入相，召为太学博士。徽宗初，尝擢监察御史。后历知和、舒、濠诸州。卒，年七十一。谥文肃。所著有《易说》《诗二南义》《中庸义》《论语孟子杂解》及《廌山集》，多亡佚。

《宋元学案》有《廌山学案》。全祖望《叙录》曰："廌山游文肃公在程门，鼎足谢、杨，而遗书独不传，其弟子亦不振。五峰有曰：'定夫为程门罪人。'何其晚谬一至斯欤？予从诸书稍搜得其粹言之一二。"按学案仅载其孙荣心《易传序》一篇及附录数条，但也不是他的语录。胡五峰所以说他是程门罪人，因为他流于禅学。小程子尝说："游酢、杨时先知学禅，已知向里没安泊处，故来此[①]，却恐不变也。"吕紫微曰："定夫后更学禅。"故尝以书问之曰："吾丈既常从二程学，后又从诸禅游。于二者之论，必无滞阂。敢问所以不同，何也？"游定夫答曰："佛书所说，世儒亦未深考。往年尝见伊川云'吾之所攻者，迹也'。然迹安从出哉？要之，此事须亲至此地，方能辨其同异。不然，难以口舌争也。"按定夫尝曰："前辈往往不曾看佛书，故诋之如此之甚。"朱

---

① 此　底本脱，据《二程集》(P.38) 补。

子批评他，又说是夹杂王氏（安石）之学；当时王氏学盛行，薰炙得甚广云云。则定夫之学，不是纯粹的理学了。可惜遗书不传，无从考证。

谢、杨、游三子是程门的大弟子，而其学都流于禅。笃守师说而不变的，还得推尹和靖。

尹焞，字彦明，一字德充，洛人。应进士试，策问有及元祐邪党者，不对而出。自此，不复应举。后以种师道荐，召见，赐号和靖处士。翌年，金兵陷洛，全家被害。和靖死而复生。逃至长安山中。刘豫降金称帝，以礼聘，不屈。夜渡渭水，流离入蜀。张浚宣抚川陕，馆之。高宗召赴行在，加秘书郎，除秘书少监。迁权礼部侍郎。秦桧相，力主和议。上书并遗桧书，力言不可。桧大怒。乃致仕。寻卒于会稽，年七十二。谥曰肃。著有《论语孟子解》及《和靖集》。

《宋元学案》全祖望《和靖学案叙录》曰："和靖尹肃公于洛学最为晚出，而守其师说最醇。五峰以为程氏后起之龙象，东发以为不失其师传者，良非过矣。"黄百家曰："和靖在程门，天资最鲁而用志最专。尝自云：'某不逮张思叔（绎），凡请问未达，三四请益，尚未有得处，久之乃得。如思叔，则先生才说，便点头会意，往往造妙。然某虽愚钝，他日持守，思叔恐不及某。'伊川然之。"按小程子尝曰："我死而不失其正者，尹氏子也。"即以其长于持守。朱子曰："和靖直是十分钝的。被他只就一个敬字做工夫，终得做成。"又曰："和靖不观他书，只是持守得好。他语录中说持守涵养处，分外真切。可知学不在多，只在功专志一。"但又说他只明得一半者，因小程子云"涵养须用敬，进学在致知"，尹子只就敬字上做工夫，得用敬的一半，却阙致知的一半。盖小程子教人专以"敬以直内"为本，能力行者，只有尹子而已。

第八章

朱　子

理学兴于北宋，周濂溪出而基础始奠。周濂溪、邵康节、张横渠、程明道、程伊川，为北宋五子。但康节长在象数，于理学终为别派。及南宋，朱子出，乃集理学诸儒之大成。故谈理学者，往往祧康节，而以朱子承周、张、二程，合称宋五子。

朱子，名熹，字元晦，一字仲晦，徽州婺源人。父松，官闽延平之尤溪县尉，因侨寓尤溪城外毓秀峰下之郑氏草堂，而生朱子。少依父友刘子羽，寓建之崇安，后徙建阳。尝建草堂于建阳之云谷，颜曰晦庵，因以为号。晚自号晦翁、云谷老人。又尝筑沧州精舍，故又自号沧洲病叟。罢官隐居时，又别号遁翁。居崇安时，颜其居曰紫阳书室，故学者称之曰朱紫阳。又尝讲学于考亭，故又有朱考亭之称。少颖敏，十八即举进士及第。其仕，在外县，仅同安县主簿，知南康军，提举浙东常平仓及茶盐，知

第八章　朱子

漳州，知潭州①五任；在中枢，侍讲经筵仅四十日。孝宗、宁宗时，面陈及封奏，多直言。因此，为小人所疾。郑丙、林栗、陈贾等先后攻之，以为徒窃张程绪余，自命道学，假名济伪。及忤韩侂胄，沈继祖又劾其十大罪。何澹、刘德秀等群起攻之，目道学为"伪学"，目赵汝愚等援引谏救之者为"伪党"。胡纮、刘三杰等，攻之益力，甚且诬以谋为不轨，于是"伪党"遂又变而为"逆党"。遂落职，其门人蔡沈且编管道州。于是向之依附门墙者，或从他师，或故作狎邪游以自明非道学。而朱子仍讲学如故。卒，年七十一。将葬，言者谓"伪徒"会葬"伪师"，恐有滋事情形。诏令地方官防范约束。及韩侂胄死，方予致仕之恤，赐谥曰文。理宗时，追赠太师，封信国公，又改徽国公。朱子少师罗从彦、刘勉之、李侗诸人。罗从彦、刘勉之都是杨龟山的弟子，李侗又是罗从彦的弟子。所以是程门的嫡系。其学，在穷理以致其知，反躬以践其实，而以居敬为主。著述甚多，诗文集及《语录》《语类》等，辑为《朱子全集》。所编注的书更多，如《易本义》《诗集传》《大学章句》《中庸章句》《论语集注》《孟子集注》及《或问》，都是注释一类；如《近思录》《通鉴纲目》《伊洛渊源录》等，都是编辑一类。说者谓朱子之学，已近于汉儒，便是因此。《宋史》入《道学传》。

---

① 州　底本作"洲"，据《宋史》（P.12752）改。

《宋元学案》记朱子的部分，本名《紫阳学案》。紫阳是山名，在朱子的原籍徽州，是其父朱松读书之处。朱子名他的书室曰"紫阳"，原以表示不忘本的意思。故全祖望改称《晦翁学案》。其《叙录》曰："杨文靖公四传而得①朱子，致广大，尽精微，综②罗百代矣。江西之学，浙东③永嘉之学，非不岸然，而终不能讳其偏。然善读朱子之书者，正当遍求诸家，以收去短集长之益。若墨守而屏弃一切焉，则非朱子之学也。"《宋史·道学传》引黄榦曰："道之正统，待人而后传。自周以来，任传道之责者，不过数人；而其能使斯道章章较著者，一二人而止耳。由孔子而后，曾子、子思继其微，至孟子而始著。由孟子而后，周、程、张子继其绝，至熹而始著。"按《大学》《中庸》本为《礼记》中之二篇。自韩愈、李翱以至周、张、二程始特加提倡引用。朱子为《大学》《中庸》作章句，为《论语》《孟子》作集注，以《大学》为曾子所述，《中庸》为子思所作，而子思为曾子的弟子，孟子为子思的弟子，故定《论语》《大学》《中庸》《孟子》为《四子书》，认为可以见孔、曾、思、孟四代师生相传的道统。朱子《大学章句序》曰："河南程氏二夫子出，而有以接乎孟子之传……虽以熹之不敏，亦幸私淑而与有闻焉。"则他自己已隐然以传道统自居了。

---

① 得　底本作"有"，据《宋元学案》（P.10）改。
② 综　底本作"网"，据《宋元学案》（P.10）改。
③ 东　底本作"江"，据《宋元学案》（P.10）改。

第八章 朱子

朱子是集北宋五子的大成的。其形上之学，以周濂溪的《太极图说》为主，而采邵康节的"数"、张横渠的"气"、二程的"形上形下"及"理气"诸说而融合之的。如论"形上""形下"之分曰："凡有形有象者，即器也。所以为是器之理者，则道也。"（见《与陆子静书》）"形而上者，无形无影，是此理；形而下者，有情有状，是此器。"（见《语类》）可见所谓形而上者，即是"道"，即是"理"。此"理"无形无影，但是所以为器之理。所谓形而下者，即是"器"。器则是有形有象的了。所以"理"或"道"，只是抽象的原理；"器"则为具体的事物。又曰："无极而太极，只是说无形而有理。""无极而太极，不是说有个物事光辉辉地在那里；只是说当初皆无一物，只有此理而已"。（均见《语类》）又曰："若在理上看，则虽未有物而已有物之理。然亦但有其理而已，未尝实有是物也。"（《答刘叔文书》）问"天地未判时，下面许多都已有否"？曰："只是都有此理。"问："未有一物之时如何？"曰："是有天下公共之理，未有一物所具之理。"这是说，未有形下而具体的物（即"器"），先有形上而抽象的理。又曰："做出那事，便是这里有那理。凡天地生出那物，便是那里有那理。"问："理是人物同得于天者。如物之无情者，亦有理否？"曰："固有是理。如舟只可行之于水，车只可行之于陆。"又曰："阶砖便有砖[1]之理。

---

[1] 砖 底本作"阶"，据《朱子语类》（P.61）改。

竹椅便有竹椅之理"。可见不但天生的自然物各有其理，即人造物亦各有其理。故又曰："惟其理有许多，故物有许多。"（均见《语类》）有此理，然后能做出生出此事此物。例如原子弹是近来发明的。但未发明原子弹之前，已有此原子能的理，不过以前的人没有发现而已。然必先有原子能的理，方能造出此原子弹来。朱子的话，原没有说错。又曰："事事物物，皆有个'极'，是道理极至……总天地万物之理，便是'太极'。太极本无[1]此名，只是个表德。""太极只是个极好至善的道理……周子所谓太极，是天地人物万善至好的表德"。（均见《语类》）所以太极是天地万物之理的总和，也是天地万物之最高最善的标准，故名之曰"太极"。太极是理，阴阳则是气了。理是形而上的，气则是形而下的。太极既是形上之道，故亦无形，故曰："太极无方所，无形体，无地位可顿放。"（见《语类》）然必先有太极，后生阴阳，故曰："有此理后，方有此气。既有此气，此理然后有安顿处。"（《答杨志仁》）又曰："太极，形而上之道也；阴阳，形而下之器也。是以自其著者而观之，则动静不同时，阴阳不同位，而太极无不在焉？自其微者而观之，则冲漠无朕[2]，而动静阴阳之理悉具其中矣。"（见《语类》）所谓"著者"，即形下具体的器，指阴阳二气以下；"微者"即形上抽象的"道"或"理"，指太极。盖自太极观之，则动

---

[1] 无　底本作"是"，据《朱子语类》（P.2375）改。
[2] 冲漠无朕　底本作"冲穆无膜"，据《宋元学案》（P.2149）改。

第八章　朱子

静未形，阴阳二气未分，已具其理；自阴阳二气观之，则又无不具有太极，无不具有此道此理。不但阴阳二气具有太极，每一物也各具太极，因为太极即是每一物所以成此物之理。故曰："人人有一太极，物物有一太极。""盖统体是一太极。然一物各具一太极"。所以者何？"本只是一太极，而万物各[①]有禀受，又自各[②]全具一太极尔。如月在天，只一而已。及散在江湖，则随处可见，不可谓月已分也"。故所谓人物各有太极云者，"不是割成片去，只如月映万川相似"。（均见《语类》）佛教中也有相类的话。如《华严经》的"因陀罗网境界"，以为一具体的事物含有一切具体的事物；天台宗说"一一事物是如来藏全体，有一法性"。所谓"法性"是指事物的潜能。不过朱子所谓事物如具一太极者，所具乃一切事物之理，不是具体的事物，也不是事物的潜能而已。

朱子《答黄道夫书》曰："天地之间，有理有气。理也者，形而上之道也；生物之本也。气也者，形而下之器也，生物之具也。是以人物之生，必禀此理，然后有性；必禀此气，然后有形。"这是"理气上元论"了。但"理"与"气"不能分离。无气，则不能成物，理亦无附著处；气聚成物，理即寓于其中。故曰："盖气能凝结造作；理却无情意，无计度，无造作；只此气凝聚处，理亦在其中。""若气不凝结时，理亦无所附着""未有天地之先，

[①][②]　各　底本作"如"，据《朱子语类》（P.2409）改。

毕竟也只是理。有此理，便有此天地；若无此理，便亦无天地，无人无物，都无该载了。有理便有气流行，发育万物"。理与气本无先后可言，因有理即有气；但"理，形而上者；气，形而下者，自形而上下言"，"则须说先有是理"。所谓"理"，即是"太极"，而阴阳则是"气"。"有这动之理，便能动而生阳；有这静之理，便能静而生阴。既动，则理又在动之中；既静，则理又在静之中"。这是说太极即是理，太极无形，不能以动静言；但太极本体虽无动静，太极中却已含动静之理，故能生阴阳二气。周濂溪所以又言"无极"者，非于太极之上又有一个无极，也不是老子"有生于无"的意思，只因太极是"无方所，无形状，以为在无物之前，而未尝不立于有物之后；以为在阴阳之外，而未尝不行乎阴阳之中；以为通贯全体，无乎不在[1]，则又初无声臭影响之可言"。（均见《语类》）照此解释，则所谓"无极而太极"一语，并不是说"由无极而太极"，却是说"以其无形状，无方所，在物之前，则为无极；而以其为天地万物之理之总和，以其是天地人物万善至好的表德，则又为太极"了。则"无极"与"太极"是一而非二了。

朱子曰："天地初开只是阴阳之气。这个气运行，磨来磨去，磨得急了，便拶去许多渣滓。里面无处出，便结成个地在中

---

[1] 在 底本作"载"，据《宋元学案》（P.503）改。

第八章 朱子

央。气之清者，便为天，为日月，为星辰，只在外常周环运转。地便在中央不动，为是在下。"又曰："气之清者为气，浊者为质。""阴阳为气，五行为质。有这质，所以做得事物出来"。他所说的"拶去许多渣滓"，便是指"质"而言。又曰："大抵天地生物，先有轻清，以及重浊。天一生水，地二生火。二物在五行中最轻清。金木复重于水火，土又重于金木。"五行比气重浊，而五行之中又有轻重清浊之分，而重浊者又为轻清者的渣滓。故又曰："天地始初，混沌未分时，想只有水火二者。水之滓脚[①]便成地。今登高而望，群山皆为波浪之状，便是水泛如此。只不知因甚么时凝了，初间极软，后来方凝得硬。"又曰："水之极浊便成地，火之极清便成风霆雷电日星之属。"水火在五行中虽最轻清，但比较言之，则火又是最轻清的，水则是较重浊的。此云"火之极清便成风霆雷电日星之属"，乍看似与上文所引"气之清者为日月，为星辰"自相矛盾。其实五行本是由阴阳二气而生之质。火既是五行中最轻清者，则"火之极清"者，便是"气"了。故曰："阳变阴合而生水火木金土。阴阳，气也；生此五行之质。""五行阴阳，七者滚合，便是生物的材料"。那么，天地形成后，怎么会有人物呢？朱子曰："天地之初如何讨个人种？自[②]是气蒸结成两个人。那两个人便如今人身上虱，自然变化出来。"又曰："'气化'

[①] 滓脚　底本作"渣滓"，据《朱子语类》（P.7）改。
[②] 自　　底本作"与"，据《朱子语类》（P.2380）改。

是当初无一个人种，后自生来底。'形生'却是有此两个人，后乃生生不穷底。"朱子仍采横渠"气化"之说，以说明最初生人的道理。有了人种，然后是"形生"。这也可以说明其他生物之来源。

"太极动而生阳，动极复静，静而生阴，静极复动。一动一静，互为其根"。这是周濂溪《太极图说》的话。如此，则"动而静，静而动，辟①阖往来，更无休息。分阴分阳，两仪立焉。两仪是天地，与画卦两仪意思又别"。所以天地之立，是由于阴阳动静一开一阖之故。天地之一成一毁，便是一个大开阖；一昼一夜便是一个小开阖。故又曰："康节以十二万九千六百年为一元，则是十二万九千六百年之前，又是一大辟②阖。更以上亦复如此，直是动静无端，阴阳无始。小者，大之影；只昼夜便可见。"又曰："太极之前，须有世界来；正如昨日③之夜，今日之昼耳。阴阳亦一大阖辟④也。"所以说"无端""无始"者，因为"他那有始以前毕竟是个甚么？他自是做一番天地了；坏了后又怎地做起来？那个有甚穷尽"？则又采取康节之说，以说明天地万物之成坏了。

综上所述，可见朱子的"宇宙论"，是参合周、邵、张、程五子之说，而组成的。

---

①② 辟　底本作"开"，据《朱子语类》（P.2367）改。
③ 日　底本作"夜"，据《朱子语类》（P.2368）改。
④ 阖辟　底本作"开阖"，据《朱子语类》（P.2368）改。

第八章 朱子

朱子之论"性",即以其"宇宙论",所谓形而上的哲学观念为根据者。天地之所以为天地,乃由太极生阴阳二气,由阴阳二气生五行之质;人物之所以为人物,乃由气之凝聚而为质,而有形,既有形质而理即寓乎其中。故曰:"人之所以生,理与气合而已。天理因浩浩不穷;然非是气,则虽有是理而无所凑泊。故必二气交感,凝结生聚,然后是理有所附着。凡人之能言语、动作、思虑、营为,皆气也,而理存焉。"所谓人之"性",即是与气合而成人,附着于气的"理"而已。人是理与气合而生;物也是理与气合而成的;因人只是万物之中的一种物。所以人有性,物也有性。故曰:"天下无无性之物。盖有此物则有此性,无此物则无此性。"那么枯槁之物也有性吗?朱子以为也各有其性。故曰:"且如大黄、附子亦是枯槁。然大黄不可为附子,附子不可为大黄。"所谓物之性,即是此物所以为此物之理。但物终是和人不同,是什么缘故呢?人物皆禀天地之理以为性,皆受天地之气以为形。"惟其所受之气只有许多,故其理亦只有许多。如犬马,他这形气如此,故只会如此事"。"自一气而言之,则人物皆受是气而生。自精粗而言,则人得其气之正且通者,物得其气之偏且塞者。惟人得其正,故是理通而无所塞。物得其偏,故是理塞而无所知……物之间有知者,不过只通得一路,如乌之知孝,獭之知祭,犬但能守御,牛但能耕而已"。是物之所以不及人者,因为他所受之气少,少即偏而不全;所受之气偏,偏故塞而不通。上文说过，朱子认为物物各具一太极，则其所禀之理没有不全的了。朱子则曰："谓之全亦可，谓之偏亦可。以理言之，则无不全；以气言之，则不能无偏。"（均见《语类》）他的意思，以为人物所受之理，原是无不全的；不过物所受之气既偏了，则理亦无从完全表现了。故以其所禀之理言之，则无不全；以其为气之偏所囿而不能完全表现言之，则也可以说不能无偏。理原是无不善的；"才说着气，便自有寒有热，有香有臭"了。抽象的原理是绝对的；一成具体的事物便不是绝对的。譬如"方""圆"的概念本是绝对的方，绝对的圆；画出来了，做成具体的物了，便不能绝对的"方"，绝对的"圆"了。

人和物一样，也是合理与气而生的，也禀天地之理以为性，受天地之气以为形的，故所禀之气亦有不同。故曰："就人之所禀而言，又有昏明清浊之异。"这是说所禀之"气"，不是说所禀之"理"，理则是至善的。禀气清明者为圣人，昏浊者为愚人。这就是所谓"气质之性"了。气质之性之说，起于张、程。朱子认为"极有功于圣门，有补于后学"。自有此说，则儒家所争论的性善、性恶、性善恶混等等，一切都解决了。故曰："张、程之说出，则诸子之说泯矣。"又曰："孟子说性善，但说得本原处，下面却不曾说得气质之性，所以亦费分疏。"盖孟子所说之"性"，只是"天地之性"，即人所受的天地之理，故无不善。反之，荀子说性恶，是但说到气质之性之坏的一方面，却不曾说到上面的天地之

第八章 朱子

性。这就是大程子所谓"论性不论气不备,论气不论性不明"了。所以朱子的"性论"也是以张、程之说为根据的。

朱子又说到"性"和"心"的分别。其言曰:"灵处只是'心',不是'性'。性只是'理'。"又说:"心之灵是先有知觉之理。理未知觉,气聚成形,理与气合,便能知觉。譬这烛火,是因得这脂膏,便有许多光焰。"此以烛火之发光焰喻心之知觉;烛火所以能发光,是因脂膏。脂膏能发烛火之光,必有其理;但无脂膏,则发光之理也不能发光。又说"心""性""情"三者的关系曰:"性、情、心,惟孟子、横渠①说得好。仁是'性';恻隐是'情',须从'心'上发出来。'心'统'性''情'者也。'性'只是合如此底,只是理,非有个物事。若是有个物事,则既有善,必有恶。惟其无此物,只有理,故无不善。"又说心性情才四字曰:"'性'者,心之理;'情'者,心之动;'才',便是那情之会恁地者。'情'与'才'极相近。但'情'是遇物而发,路②陌曲折,恁地去的;'才'是那会如此的。要之,千头万绪,皆是从心上来。"又曰:"'才'是心之力,是有气力去做底。'心'是管摄主宰者。此心所以为大也。心,譬水也;性,水之理也。性所以立乎水之静;情所以行乎水之动;'欲'则水之流而至于滥也;'才'者水之气力,所以能流者。然其流有缓有急,则是才之不

---

① 横渠　底本脱,据《朱子语类》(P.93)补。
② 路　底本作"处",据《朱子语类》(P.97)改。

同。伊川谓'性禀于天,才禀于气',是也。只有性是一定;情与心与才,便合着气了。"他以心统性情,又以性为心所具之理,情为心之动,才为心所以能动之才,把这四字说得颇为明白。

朱子的道德修养论,即以此为根据。因为性即是理,故性中有仁、义、理、智,因为这四者也都是理。故曰:"仁义礼智,性也。性无形影可以摸索,只是有这个理耳。""心之所以会做许多,盖具得许多道理耳"。性既是理,理乃形而上者,故不可见。情是心之动,由性发而为情,已合着气,故可见。故曰:"惟情乃可得而见,恻隐、羞恶、辞让、是非,是也。""何以见得有此四者?因其恻隐,知其有仁;因其羞恶,知其有义"。所以说"仁义礼智根于性"者,乃因有恻隐、羞恶、辞让、是非之情推而知之。人人同有此性,即同有此理。那么,为什么有圣贤愚不肖的分别呢?这是因为气禀不同之故。故曰:"禀气之清者,为圣为贤,如宝珠在清冷水中;禀气之浊者,为愚为不肖,如珠在浊水中。所谓'明明德'者,是就浊水中揩拭此珠也。物亦有是理,又如宝珠落在至污浊处。"又曰:"孔子之所谓'克己复礼';《中庸》所谓'致中和','尊德性,道问学';《大学》所谓'明明德',《书》曰'人心惟危,道心惟微,惟精惟一,允执厥中';圣人千言万语,只是教人存天理,灭[①]人欲。人性本明,如宝珠沉溺水中,明不

---

① 灭 底本作"去",据《宋元学案》(P.1544)改。

第八章 朱子

可见。去了溷水，则宝珠依然自明。自家若得知是人欲蔽了，便是明处。只是这上便紧着力主定，一面格物。今日格一物，明日格一物，正如游兵攻围拔守。人欲自销铄去。所以程先生说'敬'字，只是谓我自有一个明底事物在这里；把个'敬'字抵敌，则人欲自然来不得。夫子曰：'为仁由己，而由人乎哉？'紧要处正在这里。"所谓"道心"，即是"天理"，即是"明德"，也即是中庸所说的"德性"。所谓"人心"，即是"流而至于滥"的"欲"，即是所谓"人欲"。人受天地之理，故有"性"，性即天理；人禀天地之气，不能无偏，无浊，而情之流或至于滥，故有"欲"，此欲由人已受气而为人而起，故又谓之"人欲"。天理之在人者如宝珠；人欲之在人者如溷水。宝珠虽在溷水中，而其明如故；天理虽为人欲所蔽，其明亦如故。即此自知为人欲所蔽之知，便是天理之未被人欲所完全遮蔽者。从这里赶紧着力下工夫，一面勤加揩拭，一面去了溷水，便光明如故了。工夫有两方面：一是"主敬"，一是"格物"。这便是修养的二大纲领。

《大学》说："致知在格物。"所以"格物"是"致知"的方法。朱子《大学章句》曰："格，至也；物，犹事也；穷至事物之理，欲其极处无不到也。"则所谓"格物致知"就是"穷理"了。朱子的"致知""穷理"，是承小程子之说的。其大旨可于他所补的《大学格物致知章》见之。《礼记》中的《大学》，于"其所厚者薄，而其所薄者厚，未之有也"之下，有"此谓知本，此谓知之至也"两句。"此谓知本"句，程子以为是衍文。朱子作《大学章句》把这两句移在"大畏民志"句之下，而以"此谓知本"句属上节。并谓此两句间有阙文。故曰："右传之五章，盖释格物致知之意，而今亡矣。间尝窃取程子之意以补之曰：'所谓致知在格物者，言欲致吾之知，在即物而穷其理也。盖人心之灵，莫不有知；而天下之物，莫不有理。惟于理有未穷，故其知有不尽耳。是以《大学》始教，必使学者即凡天下之物，莫不因其已知之理而益穷之，以求至乎其极；至于用力之久，而一旦豁然贯通焉，则众物之表里精粗无不到，而吾心之全体大用无不明矣。此谓物格，此谓知之至也'。"即此，可见朱子所谓"致知"，在乎"即凡天下之物，莫不因其已知之理而益穷之，以求至乎其极"，用力久了，自能一旦豁然贯通。与小程子的议论正合。

"主敬"的言论，散见于文集语录中者尤多。如《答张敬夫书》曰："人有是心，而或不仁，则无以著此心之妙；人虽欲仁，而或不致，则无以致求仁之功。盖心主乎一身而无动静语默之间，是以君子之于敬，亦无动静语默而不致其力焉。未发之前，是敬也固已主乎存养之实；已发之际，是敬也又常主乎省察之间。"又曰："敬不可谓之中；但敬而无失，便是中。""以敬为主，则内外肃[①]然，不忘不助，而心自存"。"圣人言语，当初未曾关聚，如

---

① 肃　底本作"肖"，据《全宋文》第245册（P.86）改。

第八章 朱子

说'出门如见大宾，使民如承大祭'等类，皆是敬之目。到程子始关聚出一个敬字来。然敬有甚物？只如畏字相似。不是块然兀坐，耳无闻，目无见，全不省事之谓；只收敛身心，整齐纯一，不恁地放纵，便是敬"。"敬即是此心做主宰处"。"程子言'动容貌，整思虑，则自生敬'。敬只主一也。存此，则自然天理明"。"惺惺，乃心不昏昧之谓。只此便是敬"。甚至叹敬字之妙，说"圣贤之所以成始成终者皆由于此"。（均见《语类》）诸如此类，举不胜举。故黄梨洲曰："'涵养须用敬，进学在致知'，此伊川正鹄也。考亭守而勿[①]失。其议论虽多，要不出此二言。"

"穷理""主敬"，是朱子修养方法的二大纲领。敬贯乎动静，故"力行"也只是敬。读书也是穷理，故又提倡读书。其教陈北溪曰："致知必一一平实，循序而进，而无一物之不格；力行必一一平实，循序而进，而无一事之不周。"又以为所欠者下学，当专致其下学之功，"如颜子之博约，毋邃求颜子之卓尔；如曾子之所以为贯，毋邃求曾子之所以为一"（见陈北溪《竹林精舍录序》）。"博约"即博文约礼。博文所以致知，约礼所以居敬。其平日教人，尊德性，道问学，固不偏废；而着力处多在道问学上（见陈北溪《答李贯之书》）。朱子《白鹿洞书院教条》以"博学之，审问之，慎思之，明辨之，笃行之"五语为"为学之要"。学

[①] 勿 底本作"不"，据《宋元学案》（P.1554）改。

问、思、辨四者是穷理；笃行则为力行。故朱子之学，在"穷理以致其知，反躬以践其实，而以居敬为主"。朱子尝曰："圣贤道统之传，散①在方册②。圣经之旨不明，而道统之传始晦。"故竭其精力以研穷圣贤之经训，注释考证，有类汉唐诸儒。但其所注，重在义理，又与汉唐经生的仅求之训诂名物者不同。

朱子排佛的言论颇多。其《观心说》全为排佛学"观心"之说而作。佛说所以能流行者，朱子曰："佛立空无一法；儒万理毕具。而只寂之说远物欲，奥妙之说有不滞于形器之长处，故能流行。"又曰："今之禅家，以分明之语为不是，却以'麻三斤''干矢橛'类之黑漆语为要紧。"颇中佛家之病。"黑漆语"出临济宗，如法眼宗的言论则甚分明，惟当时之禅风喜用黑漆语而已。此种风气，临济宗大德大慧宗杲等亦常引以为忧。至于说："佛氏之学，原出杨朱，后附以老、庄之说。佛典仅《四十二章经》为古，其他悉中国文士润色而成。"则竟是臆说，硕儒如朱子，不应说这类毫无常识的话！

---

① 散　底本作"布"，据《宋元学案》（P.1504）改。
② 册　底本作"策"，据《宋元学案》（P.1504）改。

第九章

陆象山　附杨慈湖

与朱子同时的理学家，有江西三陆：九韶、九龄、九渊。九渊齿最少，而名最著。

陆九韶，字子美，抚州金溪人。隐居不仕，讲学梭山，自号梭山居士。会诏举遗逸，有司以先生应，不赴。临终，自定丧礼，戒不得铭墓。其文集曰《梭山日记》。

陆九龄，字子寿，号复斋。梭山之弟，象山之兄。未冠时，襄陵许忻屏居临川，闭门少所接纳。一见先生，折行辈与之作长谈。后许起守邵阳，招之往。既归，益致力于学。兄弟自为师友，和而不同。暇则与子弟习射。寻庐陵有寇警，旁郡皆入保，请先生主之。群盗相戒，莫敢扰。及登进士第，官兴国教授。丁继母忧，去。寻病卒。理宗时，追谥文达。有《复斋文集》。

陆九渊，字子静，梭山、复斋之少弟。讲学象山，学者称象山先生。少时，闻程伊川语，自觉若伤我者。尝曰："伊川之言，奚为与孔子、孟子之言不类？"一日，读书至"宇宙"二字，解者曰："四方上下曰宇，往古来今曰宙。"忽大悟曰："宇宙内事乃己分内事；己分内事乃宇宙内事。"又尝曰："东海有圣人出焉，此心同，此理同也；西海有圣人出焉，此心同，此理同也；南海北海有圣人出焉，此心同，此理同也；千百世之上有圣人出焉，此心同，此理同也；千百世之下有圣人出焉，此心同，此理同也。"登进士第，官靖安、崇安主簿，除国子正，迁敕命所删定官，将作监丞。及去职归，从学者益众。结茅象山，学者大集。起知荆门军，有治绩。卒于官。年五十四，赐谥文安，有《象山集》及《语录》。

《宋元学案》有《梭山复斋学案》及《象山学案》。全祖望《叙录》曰："三陆子之学，梭山启之，复斋昌之，象山成之。梭山是一朴实头地人，其言皆切近，有补于日用。复斋却从襄陵许氏入手，喜为讨论之学。《宋史》但言复斋与象山和而不同；考之包恢之言，则梭山亦然。今不尽传，甚可惜也。"又曰："象山之学，'先立乎其大者'，本乎孟子，足以砭末俗口耳支离之学。但象山天分高，出语惊人，或失于偏而不自知，是则其病也。程门自谢上蔡以后，王信伯、林竹轩、张无垢至于林艾轩，皆其前茅。及象山而大成，而其宗传亦最广，或因其偏而更甚之。若世之耳食雷同，固与以为能羽翼紫阳者，竟诋象山为异学，则吾未之敢信。"

三陆子之学，终以象山为最著。象山尝曰："近有议我者曰：

第九章　陆象山　附杨慈湖

'除了先立乎其大者一句，全无伎俩。'吾闻之曰：'诚然。'"故"先立乎其大者"，便是象山的宗旨。所谓"大者"，即是"心"，即是"理"。故曰："万物森然于方寸之间，满心而发，充塞宇宙，无非是理。""心之体甚大。若能尽我之心，便与天同。为学只是理会此"。又曰："此理塞宇宙，所谓道外无事，事外无道。舍此而别有商量，别有趋向，别有规模，别有形迹，别有行业，别有事功，则与道不相干，则是异端，则是利欲；谓之陷溺，谓之旧窠；说即是邪说，见即是邪见。"（见《语录》）可见他所谓"先立乎其大者"，只是要先理会得此理，先能尽其心。其与赵监书曰"道塞宇宙，非有所隐遁。在天曰阴阳，在地曰柔刚，在人曰仁义。故仁义者，人之本心也"。既以仁义为人之本心，而心又即理，则所谓理会此者，即是理会仁义。故象山所谓"先立乎其大者"，也和大程子的"学者须先识仁"，意相近似。他又说："心只是一个心。某之心，吾友之心，上而千百载圣贤之心，下而千百岁复有一圣贤，其心亦只如此。"既然人人同具此心，为什么有人理会得，能尽得，又有人不能理会，不能尽呢？因为"人自有病，与他相隔了"。为什么相隔了而失其本心呢？"愚不肖者不及焉，则蔽于物欲而失其本心；贤者知者过[①]之，则蔽于意见而失其本心"。但是"此理在宇宙间，何尝有所碍？是你自沉埋，自蒙蔽，

---

① 过　底本作"遇"，据《陆九渊集》（P.9）改。

阴阴地在个陷阱中，更不知所谓高远底。要决裂破陷阱，窥测破罗网"。所谓破陷阱，破罗网，便是要识其本心。能识本心，谓之知本。故曰："学苟知本，六经皆我注脚。"知此，则"格物者，格此者也"。不然，"所谓格物，末而已矣"。（以上均见《语录》）其《与赵监第二书》曰："《论语》之称舜禹曰：'巍巍乎有天下而不与焉。'人能知'与焉'之过，无识知之病，则此心炯然，此理坦然，物各付物；会其有极，归其有极矣。则所过者化，所存者神，上下与天地同流，岂曰小补之哉？"大程子《定性书》以为"苟不自私而用智，则吾心即廓然而大公，物来而顺应"。"与焉"，即有自私之心；"识知之病"，即因用智。"此心炯然"，"此理坦然"，即廓然大公；"物各付物"，即物来顺应。所谓"物各付物"者，即《语录》所云，"当恻隐时自然恻隐，当羞恶时自然羞恶，当宽裕温柔时自然宽裕温柔，当发强刚毅时自然发强刚毅"。故曰："收拾精神，自作主宰，万物皆备于我，有何欠阙？"所以象山之为学，实在不仅是"先立乎其大者"，直是只须立乎其大者，因为除此以外，更无所谓学了。所以把朱子的注释经书，认为多事。如曰："圣人之言本自明白。且如'弟子入则孝，出则弟'，是分明说与你入便孝，出便弟，何须得传注？学者疲精神于此，是以担子越重。到[①]某这里，只与他减担。只此便是格物。"

---

① 到　底本作"则"，据《陆九渊集》（P.441）改。

第九章　陆象山　附杨慈湖

宋孝宗淳熙二年，吕东莱约朱子与陆复斋、象山兄弟，会于广信之鹅湖寺。他们兄弟先自讨论毕，复斋做了一首七律道："孩提知爱长知钦，古圣相传只此心。大抵有基方筑室，未闻无址忽成岑。留情传注翻榛塞，着意精微转陆沉。珍重友朋勤切琢[①]，须知至乐在于今。"及至鹅湖，复斋诵其诗方四句。朱子顾谓东莱曰："子寿早已上了子静船也。"象山曰："某于途中和家兄诗曰：'墟墓兴哀宗庙钦，斯人千古不磨心。涓流积至沧溟[②]水，拳[③]石崇至太华岑。易简工夫终久大，支离事业竟浮沉。欲知自下升高处，真伪先须辨只今'。"朱子又和诗曰："德义风流夙所钦，别离三载更关心。偶扶藜杖出寒谷，又枉篮舆度远岑。旧学商量加邃密，新知培养转深沉。却愁说到无言处，不信人间有古今。"复斋的"留情传注翻榛塞，着意精微转陆沉"，象山的"易简工夫终久大，支离事业竟浮沉"，都是讥讽朱子的。朱子的"只愁说到无言处，不信人间有古今"，算是回敬他们兄弟一下。后来谈论到教人：朱子主张先叫人泛观博览而后归之约；二陆主张先发明人之本心而后使之博览。朱子以二陆之教人为太简；二陆以朱子之教人为支离。——这是朱、陆龃龉之一。

梭山尝曰："《太极图说》与《通书》不类，疑非周子所为。

---

① 琢　底本作"磋"，据《宋元学案》（P.1873）改。
② 溟　底本作"浪"，据《陆九渊集》（P.301）改。
③ 拳　底本作"奉"，据《陆九渊集》（P.301）改。

不然，则或是其学未成时所作。不然，则或是传他人之文。后人不辨也。盖《通书·理性命》章言'中焉止矣。二气五行，化生万物，五殊二实，二本则一'。曰一曰中，即太极也。未尝于其上加'无极'二字。《动静》章言五行、太极、阴阳，亦无'无极'之文。假令《太极图说》是其所传，或其少时所作，则作《通书》时不言'无极'，盖已知其说之非矣。"朱子不以为然，尝有二书复梭山，与之辨论。梭山与朱子原书已不存，但就朱子复书观之，似乎也有与朱子书二通。其后梭山以朱子求胜不求益，不复致辨。而象山则以为道一而已，不可不明于天下后世，遂继续与朱子往复致书辨论，凡七通云。——这是朱、陆龃龉之二。

黄梨洲曰："象山之学，以尊德性为宗，谓先立乎其大者，而后天之所以与我者不为小者所夺。夫苟本体不明，而徒致功于外索，是无源之水也。同时紫阳之学，则以道问学为主，谓格物穷理，乃吾人入圣之阶梯。夫苟信心自是，而惟从事于覃思，是师心之自用也。"今按孔子尝曰："学而不思，则罔；思而不学，则殆。"朱子固未尝不思，而宗朱子者末流之弊，则恒有学而不思之病；陆子固未尝不学，而宗陆子者末流之弊，则恒有思而不学之病。故宗朱者诋陆为狂禅，宗陆者诋朱为俗学，于朱、陆二子固不适当；朱、陆之后学，则难免有此。全祖望《淳熙四先生祠堂文》曰："予尝观朱子之学，出于龟山。其教人以穷理为始事。积集义理，久当自然有得。至其所闻所知，必能见诸施行，乃不为

第九章　陆象山　附杨慈湖

玩物丧志，是即陆子践履之说也。陆子之学，近于上蔡。其教人以发明本心为始事。此心有主，然后可以应天地万物之变。至其戒束书不观，游谈无根，是即朱子讲明之说也。斯盖其从入之途，各有所重；至于圣学之全，则未尝得其一而遗其一也。是故中原文献之传聚于金华，而博杂之病，朱子尝以之[①]戒大愚，则诋穷理为支离之末学者陋矣。以读书为充塞仁义之阶，陆子尝咎显道之失言，则诋发明本心为顿悟之禅宗者过矣。"朱子主张先即物穷理，用力久了，方可豁然贯通，其法近乎归纳；陆子主张先立乎其大者，苟能知本，则一切问题，如高屋建瓴水，都得解决，其法近乎演绎。此由朱子沉潜，陆子高明，个性不同，故为学方法亦异。此种为学工夫之歧异，二程子已微见其端，不过朱、陆尤为显著而已。象山《祭东莱文》有曰："比年以来，观省加细。追维[②]曩昔，粗心暴气。徒致参辰，岂足酬义？"盖已悔鹅湖之会意气太盛了。朱子《与陆子书》有曰："迩来日用工夫，颇觉有力，无复向来支离之病。"《与吕子约书》又曰："一向耽着文字，令此心全体奔在册子上，更不知有己，便是个无知觉、不识痛痒的人，虽读得书，亦何益于我邪？"《与何京叔书》曰："多识前言往行，固君子所急；近因反求未得个安稳处，却始知此未免支离。"可见二子当初虽意见参差，不肯相下，后来都有些自悔了。而且这也

[①]　之　底本脱，据《宋元学案》（P.1888）补。
[②]　维　底本作"经"，据《宋元学案》（P.1886）改。

不是朱、陆二子根本上的差异。

至于《太极图说》之辨，焦点全在"无极而太极"一句。梭山、象山兄弟以《通书》未言无极，疑与《太极图说》不类。且以《易·系辞传》未言无极，谓《太极图说》明背孔子。象山更谓"太极"上加"无极"二字乃是蔽于老庄。且《图说》见于朱震之附录，朱震明言陈希夷《太极图》传在周茂叔，遂以传二程，则其来历明出道家，《通书》及二程言论中绝不见"无极"二字，盖已明知其非。朱子之意，则以为"无极而太极"云者，乃形容太极之为无形而有理。故不言无极者不为少，言无极者不为多。此点似仅为文字上的争执。但细按之，却是朱、陆哲学见解的根本差异。象山与朱子辨《太极图说》书有曰："《易》之《大传》曰：'形而上者谓之道。'又曰：'一阴一阳之谓道。'阴阳已是形而上者，况太极乎？"二程子也尝引《易传》此二语，而解释之。大程子曰："阴阳亦形而下者也，而曰道者……即此是道，要在人默而识之也。"小程子曰："道，非阴阳也；所以一阴一阳者，道也。"这两句话，似同而有别。大程子所谓"即此是道"，与象山"阴阳已是形而上者"之意同；小程子之意，则直谓阴阳非道，所以一阴一阳者方是道，与朱子以阴阳为形而下之器同意。盖象山的哲学，根本认为只有一个世界，盖以阴阳为形而上者，则所谓形而上者亦在有时有空有具体活动的世界中了。朱子则以为有两个世界存在，一是无形有理的形而上的，一是有理有气有形的

第九章　陆象山　附杨慈湖

形而下的。故在朱子可以说"无极"二字是形容太极之为无形而有理；在象山则根本不承认有此无形而有理的别一世界之存在。这却是朱、陆哲学见解根本的差异。（采冯友兰说，见《中国哲学史》）

　　王守仁《陆象山全集序》有曰："圣人之学，心学也。"象山之学，确可名之曰"心学"。此所谓"心学"，盖萌芽于象山，至王阳明而始发挥光大者。朱子谓"心"乃使"理"与"气"者，又说"性即理"。则此与"气"使而为"心"之"理"，即是"性"了。又以"心"统"性""情"，故"心"中具有"理"。但不能说"心即是理"。象山既认为只有一个世界存在，别无所谓无形而有理的世界，而此世界又与"心"为一体（如曰："宇宙便是吾心，吾心便是宇宙"），故直认为"心即理"（见《与李宰书》）。此语与朱子的"性即理"，虽仅差一字，而大不相同。象山之学，只是要人认得此心即理而已。故所谓"先立乎其大者"，也只是立此而已。如曰："《论语》中多有无头柄底说话，如'知及之，仁不能守之'之类，不知所及守者何事；如'学而时习之'，不知时习者何事；非学有本领，不易读也。苟学有本领，则知之所及者及此也，仁之所守者守此也，时习者习此，说者说此，乐者乐此，如高屋之上建瓴水矣。学苟知本，则六经皆我注脚。"又曰："格物者，格此者也。"所谓"此"，所谓"本"，即是"心"，亦即是"理"。朱子把"心""性""情""才"四字分别得很清楚，上章已述及之。象山则认为并无分别。语录中有一条曰:"伯敏问:'性、才、心、情,如何分别?'先生云:'如吾友此言,又是枝叶。此非吾友之过,盖举世之蔽。今之学者,读书只是解字,更不求血脉。且如情、性、心、才,都只是一般物事,言偶不同耳……若必欲说时,则在天者为性,在人者为心。此盖随吾友而言,其实又何必如此。"直以为心、性、情、才同是一物,所以用此四字,只是言偶不同,故所用之字不同,强为分别,则是枝叶了。朱子把"天理""人欲"分辨得很明白,上章也已说及。象山也以为不然。故曰:"天理人欲之言,亦不是至论。若天是理,人是欲,则是天人不同矣。"又曰:"《书》曰:'人心惟危,道心惟微。'解者多指'人心'为人欲,'道心'为天理。此说非是。心,一也。人安有二心。"(均见《语录》)直不欲立"天理"与"人欲"二者的分别了。所以象山之学,只有一"心",何等简易直捷?名之曰"心学",确是名实相符。故朱子之学只能谓之"唯理的";象山之学,则确是"唯心的"。朱子这一派,可以说是理学的正统;象山这一派"心学",只能说是从理学旁衍出来的别派。《宋史》于《道学传》之外,别立《儒林传》。象山入《儒林传》,不入《道学传》。如以"道学""儒林"二传为有轩轾,则自不妥;如并无轩轾,则朱、陆二子之学,确有不同,分列二传,也不能说是毫无意义的。

宋代的佛学,以天台宗与禅宗为最盛。然天台宗终不如以

第九章　陆象山　附杨慈湖

《华严》教理为背景的禅宗之普及朝野，故寺院多改为禅院。禅学以不落言诠、不立文字为第一义，旨在明心见心，单刀直入，由此以得顿悟。即不得已而用笔舌，亦直捷简明。此与象山之学极为近似。故陈北溪曰："象山教人终日静坐以存本心，无用许多辩说劳攘……但其所以为本心者，只是认形气之虚灵知觉者……此乃舜之所谓人心者，而非道心之谓也。今指人心为道心，便是告子生之谓性之说，蠢动含灵皆有佛性之说，运水搬柴无非妙用之说。"又曰："佛氏把作用认是性……不过只认得气，而不说着那理耳……今世有一种杜撰底人，爱高谈性命，大抵全用浮屠作用是性之意，而文以圣人之言……其实不过告子生之谓性之说。"（均见《北溪字义》）按北溪之说，原于朱子。象山死，朱子率门人往寺中哭之。既罢，良久，曰："可惜死了告子。"（见《语类》）朱子尝以佛为告子。此又以象山为告子，明明说他是禅学了。象山虽近于禅，但也有判别儒释之说。《与王顺伯书》曰："某尝以义利二字判儒释。又曰公私，其实即义利也。儒者以人生天地之间，灵于万物，贵于万物，与天地并而为三极。天有天道，地有地道，人有人道。人而不尽人道，不足与天地并。人有五官，官有其事。于是有是非得失，于是有教有学。其教之所从立者如此，故曰义曰公[①]。释氏以人生天地间，有生死，有轮回，有烦恼，以

[①] 曰义曰公　底本作"曰公曰义"，据《陆九渊集》（P.17）改。

为甚苦，而求所以免之……故其言曰：'生死事大。'……其教之所从立如此，故曰利曰私。惟义惟公，故经世；惟利惟私，故出世。儒者虽至于无声无臭，无方无体，皆主于[①]经世；释氏虽尽未来际普度之，皆主于出世。"此但以"经世""出世"为儒释之别，虽亦似排佛，与朱子之说大异。

陆门诸子，最能发挥象山之学说者，首推杨简。简字敬夫，慈溪人。登进士第，官富阳县主簿。陆象山至富阳，夜集双明阁。谈次，象山数提"本心"二字。敬夫问，何谓本心。象山曰："君今日所听扇讼，扇讼者必有一是一非。若见得孰是孰非，即决定某甲是，某乙非。此非本心而何？"敬夫闻之，忽觉此心澄然清明。亟问曰："止如此耶？"象山厉声答曰："更何有也？"翌晨，遂北而称弟子。后尝知乐平县，召为国子博士，累迁将作少监。出知温州，召为驾部员外郎，累迁国史院编修官，以宝谟阁学士致仕。卒，年八十六。谥文元。尝筑室德润湖上，改名曰慈湖，故学者称慈湖先生。著有《甲稿》《乙稿》《己易》等书。

《己易》曰："易者，己也，非有他也。以易为书，不以易为己，不可也；以易为天地之变化，不以易为己之变化，不可也。天地，我之天地；变化，我之变化；非他物也。"又曰："吾未见

---

① 主于 底本脱，据《陆九渊集》（P.18）补。

第九章 陆象山 附杨慈湖

夫天与地与人之有三也。三者，形也；一者，性也，亦曰道也，又曰易也。名言之不同，而其实一体也。"这是发挥象山"宇宙便是吾心，吾心便是宇宙"的意思的。又作《绝四记》曰："人心自明，人心自灵。意起我立，必固碍塞，如丧其明[①]，始失其灵……知夫人皆有至明至灵广大圣智之性，不假外求，不由外得；自本自根，自神自明。微生'意'焉，故蔽之；有'必'焉，故蔽之；有'固'焉，故蔽之；有'我'焉，故蔽之。昏蔽之端，尽由于此。故每随其病之所形，而止绝之曰，毋如此，毋如此。"此篇就《论语》"子绝四，毋意、毋必、毋固、毋我"立说。与大程子所谓"人之悉在于自私而用智"之旨相同。自私，故有"我"，用智，故有"意"，而所谓"必"者亦意之必，所谓"固"者亦意之固，即所谓"我"者亦由"意"生，而"我"始立。能绝此四者，则如去云气而还太虚之清明。象山虽不承认有"无形而有理"的世界存在，仍尚言及所谓"形上""形下"。如曰："自形而上者言之谓之道，自形而下者言之谓之器。天地亦是器，其生覆形载必有理。"又曰："《易》之《大传》曰：'形而上者谓之道。'又曰：'一阴一阳之谓道。'阴阳已是形而上者，况太极乎？"象山盖不主张把"形而上者"与"形而下者"画分做两橛，以为不过自形而上的方面言之则曰"道"，自形而下的方面言之则曰器而已。慈

[①] 明 底本作"朋"，据《宋元学案》（P.2475）改。

湖则并《易传》之言而非之，故曰："'形而上者谓之道，形而下者谓之器'，裂道与器，将谓器在道之外耶？自作《系辞》者蔽犹若此，尚何望后世之学者乎？"故《己易》谓此二句，"其非圣人之言，断断如黑白、如一二之易辨"。则其决绝更甚于象山了。

全祖望《宋元学案·慈湖学案叙录》曰："象山之门，必以甬上四先生为首，盖本乾淳诸老一辈也。而怀其教者实慈湖。然慈湖之言不可尽[①]从，而行则可师。黄勉斋曰：'《杨敬仲集》皆德人之言也，而未闻道。'予因采其最粹且平易者，以志去短集长之义，则固有质之圣人而不谬者。"黄勉斋所谓"未闻道"，全祖望所云"怀象山之教"，都是站在朱学的立场下的批评。黄梨洲曰："象山说颜子克己之学，非如常人克去一切忿欲利害之私，盖于意念起处便将来克去。故慈湖以不起意为宗，是师门之的传也。"庶几得之。慈湖虽发扬"心学"，而其持躬敬谨，践履笃实，虽至耄年，未尝放逸，则虽反对他的朱门弟子陈北溪，也是首肯的。

---

① 可尽 底本作"尽可"，据《宋元学案》(P.14)改。

第十章

吕东莱　叶水心

与朱、陆同时，足以另树一帜的学者，有吕东莱与叶水心二人。吕是金华学派的领袖，叶是永嘉学派的领袖。

吕祖谦，字伯恭，婺州人。祖籍河东，一徙寿春，再徙开封，其曾祖吕好问始徙居婺州。好问封东莱郡侯，称东莱先生，故称祖谦为小东莱先生。少时，性极褊。病中读《论语》，至"躬自厚而薄责于人"句，有省，遂终身无暴怒。登进士第，又中博学宏词科。历太学博士，兼史职，充国史院编修官，实录院检讨官。尝见陆象山之文，喜之，而未识其人。及典试礼部，得一卷，曰："此必江西小陆之文也。"榜出，果然。召对，辄以圣学治要、恢复方略为言。卒，年四十五，谥曰成。初，书肆有《皇朝文海》。孝宗命先生重加选择。书成，赐名《皇朝文鉴》。所著书甚多，有《东莱集》。

《宋元学案》有《东莱学案》，全祖望《叙录》曰："小东莱之学，平心易气，不欲逞口舌以与诸公角。大约在陶铸同类以渐化其偏，宰相之量也。惜其早卒，晦翁遂日与人苦争，并诋及婺学。而《宋史》之陋，遂抑之于《儒林》。然后世之君子终不以为然也。"又《同谷三先生书院记》曰："宋乾淳以后，学派分而为三：朱学也，吕学也，陆学也。三家同时，皆不甚合。朱学以格物致知为主，陆学以明心为主，吕学则兼取其长，而复以中原文献之统润色之。门庭径路虽别，要其归宿于圣人，则一也。"按《宋史》本传曰："先生文章学术，本于天资，习于家庭，稽诸中原文献之所传，博诸四方师友之所讲，融洽无所偏滞。晚虽卧病，其任重道远之意不衰。"盖东莱之学，长于文献，本与朱、陆之专以理学为主者不同。此种学风，在金华一带，直至元明而弗替。但在理学方面，东莱亦自有其地位。

东莱尝曰："吾之性，本与天地同性；吾之体，本与天地同体。"（见《易说》）此与大程子及象山同一见解。东莱于形而上的理学，如太极、阴阳等，颇少论及；此亦近于象山。朱子辑《近思录》，冠以无极太极阴阳造化之说。东莱题辞，谓"阴阳性命，特使之知所向，讲学具有科级，若躐等陵节，流于空虚，岂所谓'近思'"，宗旨可见。其论修养，如曰："此心之感初解，不必汲汲驱迫，但顺而治之，自然来复。然亦非任之如枯木死灰。其不息之诚，原未尝顷刻停滞也。"又曰："窒欲之道，当宽而不迫。

第十章 吕东莱 叶水心

譬治①水，若骤遏②而急绝之，则横流而不可制。"（见《诗说》）"在我果无徇外之心，其发必有力而不可御"（见《与陈君举书》）。"主一无适，诚切要工夫。但整顿收敛，则易入于着力；从容涵泳，又多堕于悠悠③。勿忘，勿助长，信乎其难也"（见《与朱侍讲书》）。都似承大程子之说而发。其旨如此，故曰："释氏之湛然不动，道家之精神专一，亦近于有孚。"则于释道以为也有可取的了。但又兼取朱子之说。如曰："尝记胡文定公有语云：'但持敬十年自别'。此言殊有味。"（见《与周元升书》）"敬字固难形容。古人所谓'心庄则体舒，心肃则容敬'，两语当深体"。"收敛凝聚乃是大节目"。"知犹识路，行犹进步。若谓但知便可，则释氏'一超直入如来地'之语也"。（均见《与学者书》）"论致知则见不可偏，论力行则进当有序。并味此两言，则无笼统零碎之病"（见《与邢邦用书》）。"切要工夫，莫如就实；深④体力行，乃知此二字甚难而有味"（《见《与乔德瞻⑤书》）。则于"主敬""致知""力行"，都认为是切要的工夫了。又曰："论学之难，高者其病堕于玄虚，平者其末流于章句。二者之失，高者便入于异端，

---

① 治 底本作"若"，据《宋元学案》（P.1655）改。
② 遏 底本作"过"，据《宋元学案》（P.1655）改。
③ 悠 底本作"忽"，据《宋元学案》（P.1665）改。
④ 深 底本作"身"，据《宋元学案》（P.1672）改。
⑤ 瞻 底本作"詹"，据《宋元学案》（P.1672）改。

平者浸①失其传，犹为惇训，故勤②行义。轻重不同，然要皆是偏。"（见《与朱侍讲书》）此条恰中朱、陆二家之弊。他总论为学工夫曰："静多于动，践履多于发用，涵养多于讲说，读经多于读史，工夫如此，然后可大可久。"他对于为学工夫的主张，终与朱子为近。如曰："登高自下，发足正在下学处。磊落之士往往以为钝滞细碎而不精察。"（见《与陈同甫书》）又曰："讲贯诵绎乃百代为学通法。学者缘此支离泛滥，自是人病，非是法病。见此而欲尽废之，正是因噎废食。"（见《与邢邦用书》）。象山论学主"先立乎其大者"，尝病朱子之支离，且曾反诘朱子说"尧舜所读何书"？大有"何必读书然后为学"之概。东莱所谓"磊落之士"，所谓"因噎废食"，也可以说是指摘象山。他最不赞成学者妄分门户，故曰："争校是非，不如敛藏收养。"（见《困学纪闻》）所以争，原因是胸襟窄小。故又曰："今世学者，病不在弱，只是小。"唯其小，所以不逊。故又曰："逊字是入道之门。"（均见《易说》）鹅湖之会，他原想邀集朱、陆，平心静气地讨论，于异中求出同来，以收殊途同归之效。结果，朱、陆似乎各有些意气用事。东莱批评他们道："元晦英迈刚明，而工夫就实入细，殊未易量。子静亦坚实有力，但欠开阔。"（见《东发日钞》）言下之意，已是祖朱。后来象山《祭东莱文》，有自悔鹅湖之会，粗心浮气等话，可

---

① 浸　底本作"漫"，据《宋元学案》（P.1667）改。
② 勤　底本作"动"，据《宋元学案》（P.1667）改。

第十章　吕东莱　叶水心

见已为东莱所感动了。朱子《祭东莱文》,说他"有蓍龟之智而处之若愚,有河汉之辩而守之若讷,胸有云梦之富而不以自多,辞有黼黻之华而不易其出","盖其德宇宽洪,识量闳廓,既海纳而川渟,岂澄清而挠浊","禀之既厚而养之深,取之既博而成之粹,宜所立之甚高,亦无求而弗备",颇足以总括他为人为学的大概。所以在理学上,他是可以与朱、陆鼎峙的,而其识量之宏,尤非朱、陆二子所及。

可是话又得说回来,东莱的特长,还在文史方面。因为吕氏是中原世家,所以中原文献,家学渊源。他虽主张读经宜多于读史。他自己却似适得其反。张栻《与朱子书》尝曰:"伯恭爱敝精神于闲文字中,徒自损,何益?"又《与陆子寿书》曰:"伯恭亦坐枉费心思处多。"朱子亦曰:"博杂极害事。伯恭日前只向博杂处用功,却于要约处不曾仔细研究。"又曰:"伯恭无恙时,爱说史学。"又曰:"伯恭之学大抵尊《史记》。"其实,史学、文献之学,也是有价值的学问。张、朱二子的批评,是站在理学专家的立场而发的。理学家往往以这些学问为"玩物丧志"的。

与朱、陆同时的,除了金华学派之外,还有所谓永嘉学派。永嘉之学,始于薛季宣(字士龙,学者称艮斋先生,永嘉人)。薛氏尝问学于二程门人袁溉,故或以为是程门的再传。其学于礼乐兵农,下至兵书方术,无所不通,而欲见之事功。故朱子目之为功利之学。其门人陈傅良(字君举,学者称止斋先生,瑞安人),

尤称醇恪平实。(《宋元学案》有《艮斋学案》《止斋学案》)但永嘉学者，终当以叶水心为巨擘。

叶适，字正则，学者称水心先生，永嘉人。登进士第，累官至秘书郎，出知蕲州，入为尚书左选郎官。赵汝愚定内禅大计，水心赞之。及赵贬，先生亦去。后又起用，至权兵部、工部侍郎。韩侂胄主用兵。先生谓用兵不易，当先为不可胜以待可胜。又上札子，旨在修边而不急于开边，整兵而不急于用兵，而其要尤在修明政治，节用减赋，以宽民力。不用。已而淮汉之师果溃。于是命水心知建康府，兼沿江制置使。乃安抚流亡，布置江防，又渡江劫金兵营。金兵引去，江南赖以保全。时韩侂胄已死，朝廷又急于求和。许及之、雷孝友本韩党，至是，反诬劾先生依附侂胄以启兵端。乃削职归。卒，年七十四。追谥忠定。有《水心文集》《习学记言》等书。

全祖望叙《水心学案》曰："水心较止斋又稍晚出，其学始同而终异。永嘉功利之说，至水心始一洗之。然水心天资高，放言砭古人多过情，自曾子、子思而下皆不免，不仅如象山之诋伊川也。要亦有卓然不经人道者，未可以方隅之见弃之。乾淳诸老既没，学术之会总为朱、陆二派，而水心断断其间，遂称鼎足。然水心工文，故弟子多流于辞章。"陈亮《与吴益恭书》曰："四海相知，惟伯恭一人，其次莫如君举，自余惟天民、道甫、正则耳。伯恭规模宏阔，非复往日之比，钦夫、元晦已朗在下风矣。未可

第十章 吕东莱 叶水心

以寻常论也。君举亦甚别,皆应刮目相看。正则俊明颖悟,视天下事有迎刃而解之意,但力量不及耳。此君更过六七年,诚难为敌。独未知于伯恭如何。"陈同甫眼界很高,此书独推重东莱、水心,相提并论,不为阿好。故此章亦吕、叶并举,以见朱、陆二子之外,尚有足与并驾的学者。

南宋此时,国势岌危,偏安之局,亦几难保。而理学诸儒尚空谈性命,置当前的国事于不论不议之列。水心承永嘉之学风,以致用为旨,故对于当时所谓"道学",颇不满意。如《与周明辅[①]书》曰:"垂谕道学名实真伪之说。古人以学致道,不以道致学。'道学'之名,起于近世儒者。其意曰,举天下之学不足以致道,独我能致之云尔。其本少差,其末大弊[②]。"《题周[③]子宝所录》曰:"古人多识前言往行以蓄其德。近世以心通性达为学,而见闻几废,狭而不充,为德之病。"《宋厩夫志》曰:"诸儒以观心空寂名[④]学,默视危拱,不能有所论诘,猥曰道已存矣。"对于理学诸儒援《易传》以谈形上之理,尤为不满。故曰:"《易》不知何人所作。虽曰'伏羲画卦,文王重之'。案周太卜掌[⑤]《三易》,经卦皆八,别皆六十四。则画非伏羲,重非文王也……《周易》

---

① 辅 底本作"黼",据《叶适集》(P.554)改。
② 弊 底本作"敝",据《叶适集》(P.554)改。
③ 周 底本作"同",据《叶适集》(P.554)改。
④ 名 底本作"为",据《叶适集》(P.490)改。
⑤ 掌 底本作"蒙",据《习学记言序目》(P.739)改。

者，知道者所为，而有司所用也。孔子为之著《彖》《象》，盖惜其为他异说所乱，故约之以中正，以明卦爻之旨，黜异说之妄，以示道德之归。其余《文言》《上下系》《说卦》诸篇，著述之人或在孔子前，或在孔子后，或与孔子同时。习《易》者汇为一书。后世不深考，以为皆孔子所作。故《彖》《象》抑郁未振，而《十翼》讲诵独多。魏晋而后，遂与《老》《庄》并行，号为孔、老。佛学后出①，其变为禅。喜其说者，以为与孔子不异，亦援《十翼》以自况，故又号为儒释。本朝全盛时，禅说尤炽。豪杰之士有欲修明吾说以胜之者，而周、张、二程出焉；自谓出入于老佛甚久，已而曰'吾道固有之矣'。故无极太极，动静男女，太和参两，形气聚散，缊氤感通；有直内，无方外，不足以入尧舜之道；皆本于《十翼》，以为此吾所有之道，非彼之道也……大抵欲抑浮屠之锋锐，而示吾所有之道若此。然不悟《十翼》非孔子作，则道之本统尚晦……"又曰："浮屠书言'识心'，非曰'识此心'；言'见性'，非曰'见此性'；其灭，非断灭；其觉，非觉知。其所谓道，固非吾所有。而吾所谓道，亦非彼所知也。予每患自昔儒者与浮屠辩，不越此四端，不合之以自同，则离之以自异。然不知所谓而强言之，则其失愈大，其害愈深矣。"此段议论，见水心《总述讲学大旨》中。范育作《正蒙序》有曰："此书以六经所

---

① 后出 底本作"出后"，据《习学记言序目》（P.740）改。

第十章　吕东莱　叶水心

未载，圣人所不言者，与浮屠辩。岂非以病为药，而与寇盗设郛郭，助之捍御乎？"水心因述此篇。宋代理学诸儒多尝习禅而持排佛之论，且多持吾道固有此说无待外求的见解，而其根据则为《易传》。水心对此极不满，故直指《易传》非孔子作，以破其根据。（按《习学记言》有一条曰："班固言孔子为《彖》《象》《系辞》《文言》《序卦》之属，于《论语》无所见。然《彖》《象》辞意劲厉，截然著明，正与《论语》相出入，其为孔子作无疑。至所谓《上下系》《文言》《序卦》，文义复重，浅深失中，与《彖》《象》异，而亦附之孔氏者，妄也。"又曰"孔子《彖[1]辞》无所谓太极者，不知传何以称之？……传《易》者……亦为太极以骇异后学，后学从而趋之，失其会归，而道日以离矣"。可参阅）

理学诸儒所根据者，《易传》而外，为《大学》《中庸》。朱子且以《大学》为曾子所述，《中庸》为子思所作，与《论语》《孟子》并为《四子书》。以为自孔子而曾子而子思而孟子，为道统之传。且以周、程直接孟子，绍已绝之道统。水心对此，亦极不满，故于曾子、子思传道之说，时致怀疑。如曰："世谓孔子语曾子一贯，曾子唯之，不复重问，以为心悟神领，不在口耳。岂有是哉？一贯之指，因子贡而粗明，因曾子而大迷。"（见《习学记言》）又曰："孔子自言，德行颜渊而下十人，无曾子；曰'参也

---

[1] 彖　底本作"象"，据《宋元学案》（P.1755）改。

鲁'。若孔子晚岁独进曾子，或曾子于孔子殁后，德加尊，行加修，独任孔子之道，然无明据。又曾子之学以身为本，容色辞气之外不暇问，于大道多遗略，未可谓至。"又曰："孔子尝言《中庸》之德民鲜能，而子思作《中庸》。若以为遗言，则于颜、闵犹无是告，而独闷其家，非是；若子思所自作，则高者极高，深者极深，非上世所传也。然则言孔子传曾子，曾子传子思，必有谬误。"（见《总述讲学大旨》）。他以为所谓"传道"，不必躬亲授受，故主以孟子直接孔子。但对孟子亦不无微辞。如曰："孟子言性言命言仁言天，皆古人所未及，故曰'开德广'。齐滕大小异，而言行王道皆若建瓴，故曰'语治骤'。自谓庶人不见诸侯，然以彭更言考之，则后车从者极盛，故曰'处己过'。孔子亦与梁丘据语。孟子不与王欢言，故曰'涉世疏'。"（同上）全祖望说他砭古人多过情，自曾子、子思而下皆不免，不仅如象山之诋伊川，即指此类言论。

水心勇于怀疑。如曰："《易传》虽有包牺、神农、黄帝在尧之前，而《书》不载，但称'若稽古帝尧'而已。"又曰："前世以为龙马负图，自天而降，《洛书》九畴，亦自然之文。其说怪诬。甚至有'先天''后天'之说。今不取。"又曰："旧传孔子删《诗》定《书》作《春秋》，予详考始明其不然。"（均见《讲学大旨》）又曰："《书序》旧史所述，非孔子作。""《老子》书非聃所著，或隐者之辞也"。又曰："汉人虽称《中庸》子思所著。今以其书考之，疑不专出子思。"这些见解，以现在的眼光观之，并不足怪。但在南宋时人观之，则已与理学诸儒显然立于反对的方面，是"非圣无法"的言论了。方回以其论学与朱子反对，甚至据许及之等劾水心依附韩侂胄的话以诋之；《宋史》本传，亦不复白其诬。全祖望《宋元学案》，方为他别撰一传，详载水心劝韩侂胄轻开衅的话和所上的札子，数百年的诬蔑才得昭雪。

总之，水心之学，与朱、陆绝异。他始终重视事功，故曰："'正谊①不谋利，明道不计功'，初看极好，细看全疏阔。古人以利与人，而不自居其功，故道义光明。若无事功，则道义乃无用之虚语耳。"（见《习学记言》）至其为学，则主"内外相成"，"学思并重"。故曰："祖②习训故③浅陋相承者，学而不思之类也；穿穴性命空虚自喜者，思而不学之类也。"又曰："孔子讲道无内外，学则内外交相明……近世偏堕太甚，谓独自内出，不由外入，往往以为一念之功，圣贤可招④而致。不知此心之稂莠，未可以嘉禾自名也。"我们不能不认为是有得之言。

---

① 谊 底本作"道"，据《宋元学案》（P.1774）改。
② 祖 底本作"粗"，据《宋元学案》（P.1765）改。
③ 故 底本作"诂"，据《宋元学案》（P.1765）改。
④ 招 底本作"抬"，据《宋元学案》（P.1785）改。

第十一章

朱子后学

南宋时,虽朱、陆二派成对峙之局,又有金华、永嘉二派的吕、叶别树旗帜,但门弟子终不如朱子之盛。南宋末及元,著名的理学家,几乎都是祖述朱子的,都可以说是朱子的后学。兹就其著者,摘叙数人如下:

《宋元学案》于朱门诸子,首列《西山蔡氏学案》。全祖望《叙录》曰:"西山蔡文节公领袖朱门,然其律吕象数之学,盖得之其家庭之传。惜夫《翁季录》之不存也。"

蔡元定,字季通,学者称西山先生。建之建阳人。父发,号牧堂老人,博极群书。尝以程氏《语录》、邵氏《经世》、张氏《正蒙》授先生,曰:"此孔子正脉也。"既长,闻朱子之名,往师之。朱子与问答,惊曰:"此吾老友也。不当在弟子列。"自此,来学者,必使先从先生质正。韩侂胄执政,禁"伪学",以先生为朱门领袖,诏发道州编管。先生毅然上道。朱子与弟子百余人送别，有泣下者，而先生不异平时。与其子沈步行三千里，至贬所。远近往学者甚众。卒于贬所。后追谥文节。著有《律吕新书》《洪范解》等书。其与朱子问答之辞，辑为《翁季录》。

罗大经《鹤林玉露》有一条曰："濂溪、明道、伊川、横渠，讲学盛矣；因数明理，复有一邵康节出焉。晦庵、南轩（张栻）、东莱、象山，讲道盛矣；因数明理，复有一蔡西山出焉。孔孟教人，言理不言数。然天地之间，有理必有数，二者未尝相离，《河图》《洛书》与'危微精一'之语并传。邵、蔡二子欲发诸子之所未发，而使理与数灿然于天地之间，其功亦不细矣。近年以来，八君子之学，固人传其训，家有其书。而邵、蔡之学，则几无传人矣。"（此条亦见《宋元学案》，但略有出入）

蔡沈，字仲默，季通少子，隐居九峰，故学者称九峰先生。与其父同为朱子弟子。其父长于《洪范》之数，未及著述，曰："成吾书者，沈也。"朱子训传诸经略遍，独《书》传未及为，亦以属之。"伪学"祸起，侍父徒步赴贬所。及父卒，又徒步扶柩归。隐居躬耕以终。著有《尚书集传》《洪范皇极》等书。明代，追谥"文正"。

《宋元学案》附录谓朱子于性与天道之妙，他弟子不得闻者，必以语蔡西山。又谓西山遣谪时，朱子候之于净安寺。坐定，寒暄外，略无慰劳语，以连日读《参同契》所疑叩之，西山应答洒然。西山盖长于象数之学者，为邵康节一流。其子九峰承父之学，作《洪范皇极》一书。其自序曰:"体天地之撰者《易》之'象';纪天地之撰者《范》之'数'。数者,始于一;象者,成于二。一者奇,二者耦也。奇者数之所以行,耦者象之所以立。故二而四,四而八,八者八卦之象也。一而三,三而九,九者九畴之数也。"则"象"与"数"是不相同的了。又曰:"然数之与象,若异用也,而本则一;若殊途也,而归则同。不明乎数,不足与语象;不明乎象,不足与语数。二者可以相有,不可以相无也。"则象与数又是有密切关系的了。故康节的象数之学是以《易》象为根据的;蔡氏的象数之学是以《洪范》之数为根据的。象数之学,在理学史上,只能说是别派。

《宋元学案》有《勉斋学案》,全祖望《叙录》曰:"嘉定而后,足以光其师传,为有体有用之儒者,勉斋黄文肃公其人与?东发论道统,三先生之后,勉斋一人而已。"

黄榦,字直卿,号勉斋,闽县人。受业于朱子。朱子以女妻之。累官知安庆府。时金兵破光山,请筑郡城以备之,不俟命而兴工。及金兵破黄州沙窝诸关,淮东西皆震,独安庆得安。民德之,称曰黄父。制置使李珏[①]辟为参议官,不受。而朝命赴制府禀议,即解印往。为之策画,不听,被排以去。及光、黄相继失,果如所料。再命知安庆,不就。后致仕归,弟子日盛。卒,谥文

---

① 珏 底本作"钰",据《宋史》(P.12780)改。

肃。著有《经解》及文集。

"道统"之说，朱子已言之。勉斋作《圣贤道统总叙说》，更为详明。大旨谓道之大原出于天。尧得之于天，而传之舜，舜传之禹，汤得之于禹，文王得之于汤，而传之武王、周公，孔子得之于周公，而传之颜子、曾子，传之子思，传之孟子，周子得之孟子，二程子得之于周子，朱子又得之于二程，此为数千年相传之道统。撮其要旨，则曰"居敬以立其本，穷理以致其知，克己以灭其私，存诚以致其实"，这四句是勉斋论学宗旨。

《东发日钞》有曰："乾淳之盛，晦庵、南轩、东莱称三先生。独晦庵得年最高，讲学最久，尤为集大成。晦庵既没，门人……独勉斋先生强毅自立，足任负荷。"全祖望谓东发论道统，三先生之后，勉斋一人而已，即指此。勉斋于同门诸子，如辅广疑"恶亦不可谓性"，李方子疑"喜怒哀乐由声色臭味者为人心，由仁义礼智者为道心"……皆力为辩明，不肯苟同。即于朱子之说，亦时有补益。如朱子谓"《春秋》止是直书"，勉斋则谓"其间亦有晓然若出于微意者"；朱子辑《近思录》先太极，勉斋则谓"名近思，反若远思"；朱子解'敏于事而慎于言'，以慎为不敢尽其所有余；勉斋则谓"慎字本无不敢尽之意，特以言易肆，故当谨耳"。（详见《东发日钞》）其不肯苟同如此。勉斋在时，朱子门人不敢以师之所传为别录。勉斋既没，《语录》《语类》纷出；朱、陆门户之言，始终不出于勉斋之口，勉斋没后，两家门人遂成水火。所以勉斋确是朱子门人中最强毅的一个。他在朱门的声望虽然不及蔡西山，但传朱子之学的，毕竟是他。

南宋末年，理学家声望之隆无过真西山。与他同时而齐名的，则为魏鹤山。二人都是朱子的后学。

真德秀，字景元，后改景希，学者称西山先生，建之浦城人。进士，中博学鸿词科。理宗时，累官至礼部侍郎。忤史弥远，落职。后又累官至户部尚书，改翰林学士。官外郡，多惠政；立朝，直声震朝野。直翰林院时，每出，路人聚观，曰"真直院至矣"。自韩侂胄立"伪学"之禁，至是始弛，西山之力也。时皆望其为相，以为可以致太平。但阿时相郑清之。都人为歌曰："若要百物贱，须是真直院。及至换得来，搅做一锅面。"尝知贡举，举子为文讥之曰："误南省之多士，真西山之饿夫。"除参政，未及拜，以疾卒，年五十八，谥文忠。著有《西山[①]甲乙稿》及《大学衍义》等书。

《宋元学案》有《西山真氏学案》。全祖望《叙录》曰："西山之望，直继晦翁。然晚节何其委蛇也！东发于朱学最尊信，而不满于西山，《理度两朝政要》言之详矣。《宋史》亦有微辞。"按《宋史·真德秀传》，元人即据黄东发所作之传修成（黄东发为史馆检阅时，作有《戊辰史稿》，内有列传六篇，其一即《真德秀

[①] 山　底本脱，据《宋史·真德秀传》（P.12964）补。

传》)。所谓有微辞者,即指依附时相郑清之事,杨简初见真西山,曾戒以须忘富贵利达之心。他晚节所以委蛇,便由不能忘富贵利达而已。他是长于文章的人,而两次应制举,于当时执政,动辄以伊周誉之;且梵语青词,连篇累幅,垂老不改,则其沉溺于佛道,又显然了。(详见全祖望《题真西山集》)所以他的声望虽隆,终不能推为理学纯儒。

全祖望《鹤山学案叙录》曰:"嘉定而后,私淑朱、张之学者,曰鹤山魏文靖公。兼有永嘉经制之粹,而去其驳。世之称之者,以并之西山,有如温公、蜀公,不敢轩轾。梨洲则曰:'鹤山之卓荦,非西山之依傍门户所能及。'予以为知言。"

魏了翁,字华父,邛州蒲江人。尝筑室白鹤山下,聚徒讲学,故学者称鹤山先生。进士,召为国子正,以校书郎出知嘉定府。后入为兵部郎中,权工部侍郎。忤史弥远,编管靖州。史死,召入,权礼部尚书。官至端明殿学士,后又出知绍兴府兼安抚使。卒,谥文靖。著有《鹤山全集》等书。

黄百家曰:"从来西山、鹤山并称,如鸟之双翼,车之双轮,不独举也。鹤山之志西山,亦以司马文正、范文忠之生同志、死同传相比。后世亦无敢优劣之者。然百家尝闻先遗献之言曰:'两家学术虽同出于考亭。而鹤山识力横绝,真所谓卓荦观群书者。西山则依傍门户,不敢自出一头地,盖墨守之而已。'"是二人优劣,早有定论。但西山为詹体仁的弟子,是朱子的再传弟子;鹤山则私淑而已。

南宋理学，以朱、陆为二大宗。杨慈湖宗陆，黄东发宗朱，门户截然，故《黄氏日钞》中颇不以"心学"为然。但其所上史馆札子未尝不服慈湖为己之功。黄梨洲《宋元学案》有《四明朱门学案》，全祖望改为《东发学案》，其《叙录》曰："四明之专宗①朱氏者，东发为最。《日钞》百卷，躬行自②得之言也。渊源出于辅氏。晦翁生平不喜浙学。而端平以后，闽中、江右诸弟子，支离、舛戾、固陋无不有之。其中能振之者，北山师弟为一支，东发为一支，皆浙产也。其亦足以报先正惓惓浙学之意也夫。"按北山，指黄勉斋之弟子何基（基字子恭，金华人，居金华北山，人称北山先生）。但以成就论，北山终不如东发。

黄震，字东发，原籍定海，徙慈溪。学者称于越先生。初以进士官史馆检阅，与修宁理两朝国史实录。贬为广德军③通判。与郡守贾似道之侄贾蕃世不合，罢去。后由绍兴府通判，知抚州，升提举常平仓，改提点刑狱御史。忤贾似道，落职。移浙东提举常平。未几，罢官归。仍徙居定海之泽山，榜其门曰泽山行馆，其室曰归来之庐。后又侨寓于鄞之南湖，又迁寓桓溪，自号杖锡山居士。后又避地于同谷。宋亡，饿于宝幢而卒。元代追谥文洁。

---

① 专宗　底本作"传，祖"，据《宋元学案》（P.2884）改。
② 自　底本作"有"，据《宋元学案》（P.2884）改。
③ 德军　底本作"州"，据《宋史·黄震传》（P.12992）改。

所著《日钞》一百卷，最著名。

东发之学，上承朱子，而黄梨洲谓其"《日钞》之作，折衷诸儒，即于考亭亦不肯苟同，盖其所自得者深也"。全祖望《泽山书院记》亦曰："先生得之遗籍，默识而冥搜，其功尤巨。试读其《日钞》，诸经说间或不尽主建安旧讲，大抵求其心之所安而止，斯其所以为功臣也。西山为建安大宗，先生独深惜其晚节之玷，其严密如此。"按东发不满于真西山，上文已叙及。所谓不肯苟同朱子者，例如《日钞》曰："《通书·慎动》一章，周子曰：'动而正曰道。'晦翁释之曰：'动之所以正，以其合乎众所共由之道也。'窃意'慎动'当有谨审之意。动而合乎正，是即为道。周子本意恐亦止此。若谓合乎道，此动之所以正；是乃'动而合乎道曰正'，与'动而正曰道'又是一意。恐是因此而发明者耳。"又曰："《通书·务实》一章，周子曰：'君子日休，小人日忧。'晦翁释之曰：'实修而无名胜之耻，故休；名胜而无实修之善，故忧。'窃恐小人未必知以无实为忧。果能忧其无实，是即君子之用心矣。何以名为小人？或者小人饰伪无实之心，自①宜崎岖而多忧。《书》曰：'作德，心逸②日休；作伪，心劳日拙。'周子之所谓'忧'，恐类《书》之所谓'劳'者耳。"此二例虽小节，已可见其不肯苟同。

---

① 自　底本作"与"，据《宋元学案》（P.2898）改。
② 逸　底本作"豫"，据《宋元学案》（P.2898）改。

《日钞》中有论宋代理学诸儒者，可以考见宋代理学之大概。其于理学，上溯胡安定、孙泰山、石徂徕，以为理学虽至伊洛而精，实自三先生始，故晦翁有不敢忘三先生之语。阐明理学者为周子，为二程。二程大有功于圣门，而晦翁尤有功于二程。于程门诸子，则推杨龟山、谢上蔡与尹和靖。龟山之学已不免离佛，但其后三四传而有晦翁，遂大明程子之学。上蔡之于佛，殆不止离焉而已，盖其所资者为僧总老，其后一脉相承，非复程学。惟和靖能守其师说而不变。于朱门诸子，则仅推一黄勉斋。而三陆则为理学之别派。话虽不多，颇能撮叙两宋理学的大概。

上章述南宋理学，除永嘉叶水心别树一帜，似已超出理学范围外，以朱、陆、吕为鼎足而三。南宋末年，有王应麟，盖兼承三家之学者。

王应麟，字伯厚，鄞县人。少颖悟，尝从学于王子文、楼迂斋、汤东涧。其父则从史独善以上接陆子。登进士第后，发愤读书，又中博学鸿词科。理宗时，策试进士，典试，拔文天祥为首选。历官至太常寺主簿，以忤丁大全罢。后又累迁至中书舍人，忤贾似道罢。及贾似道败后，又累官至礼部尚书兼给事中。与留梦炎不合，遂致仕。入元，不仕。学者称厚斋先生。著有《深宁集》及《困学纪闻》等书。

《宋元学案》有《深宁学案》。全祖望《叙录》曰："四明之学多陆氏。深宁之父（谦父）亦师史独善以接陆学。而深宁绍其

第十一章　朱子后学

家训，又从王子文以接朱氏，从楼迂斋以接吕氏；又尝与汤东涧游，东涧亦兼治朱、陆、吕之学者也。和齐斟酌，不名一师。《宋史》但夸其辞业之盛。予之微嫌于深宁者，正以其辞科习气未除耳。若区区以其《玉海》之少作为足尽其底蕴，陋矣。"全氏又有《同谷三先生书院记》，尝曰："王尚书深宁独得吕学之大宗。"盖以"其综罗文献，实师法东莱"。惟从楼迂斋者，是王深宁的父亲王㧑（字谦父），不是他自己，见《丽泽诸儒学案》。

南宋偏安东南，北方沦陷已久。及元以蒙古人入主中国，乃灭南宋而复成统一之局。北方理学诸儒，首推许衡。然理学之北渐，则自赵复始。

赵复，字仁甫，德安人。元师南下时，屠德安。姚枢时在军中，多所全活。于俘中得赵复，与语，奇之。挟之至燕京。枢与杨惟中建太极书院，立周子祠，以二程、张、杨、游、朱配享，使赵讲学其中。元世祖尝召见，问曰："我欲伐宋，可导之乎？"对曰："宋，父母之国也。未有引他人之兵以屠父母者。"盖身虽在燕，常有江汉之思，故学者以江汉先生称之。

黄百家曰："自石晋燕云十六州之割，北方之为异域也久矣。虽有宋诸儒叠出，而声教不通。自赵江汉以南冠之囚，吾道入北。而姚枢、窦默、许衡、刘因之徒，得闻程、朱之学以广其传。由是北方之学者郁起，如吴澄之经学，姚燧之文学，指不胜屈，皆彬彬郁郁矣。"又曰："有元之学者，鲁斋、静修、草庐三人耳。

草庐后至，鲁斋、静修，则元之藉以立国者也。"

许衡，字仲平，学者称鲁斋先生。河内人。少遭乱离，家贫无书，而嗜学不辍。姚枢得程、朱之书于赵江汉，及致仕，讲学苏门。鲁斋往访之，得其书，归以教弟子。元世祖即位，召为国子祭酒。寻以安童为右丞相，命鲁斋辅之。元代朝仪官制，皆其所定。后力辞中书之命，以集贤大学士兼国子祭酒。乃召弟子十二人，使分主各斋。又领太史院事，定《授时新历》。历成，致仕归。卒，年七十三。谥文正。有《鲁斋遗书》。

刘因，字梦吉，学者称静修先生，雄州容城人。从赵江汉得程、朱遗书。召为承德郎、右赞善大夫，教近侍弟子。未几，托疾辞归。后又召为集贤学士嘉议大夫，固辞不就。卒，年四十五。谥文靖[①]。有《静修文集》。

吴澄，字幼清，抚州崇仁[②]人。南宋末，中乡试，应进士举，不第。及元灭宋，程巨夫求贤于江南，得幼清，题其所居草屋曰"草庐"，故学者称草庐先生。送至京师，以母老辞归。后召授应奉翰林文字，又至官而去。除江西提学副提举，仅三月，又引疾去。后召为国子司业。未几，又辞去。召为经筵讲官，寻请老而归。卒，年八十五。谥文正。有《草庐集》及《五经纂言》等。

[①] 靖　底本作"静"，据《元史·刘因传》（P.4010）改。
[②] 仁　底本作"安"，据《元史·吴澄传》（P.4011）改。

第十一章　朱子后学

鲁斋与静修同时，且其学同出于江汉。鲁斋应召至京，过真定。静修谓之曰："公一聘而起，毋乃速乎？"鲁斋曰："不如此，则道不行。"及静修不受集贤之命。或问之。应曰："不如此，则道不尊。"鲁斋尝仕于元，静修则实际上未尝仕于元。全祖望曰："以予考之，两先生皆非宋人，仕元无害。然以元开创规模言之，其不足有为可知，则不仕者自此远矣。"（见《书刘文靖退斋记后》）鲁斋佐中书，将大用，乃力辞而就国子祭酒。殆有见于道之难行，而姑以儒官自安。静修《退斋记》曰："世有挟老子之术以往者，以一身之利害节量天下之休戚，其终必至于误国而害民。然而特立于万物之表，而不受其责。而彼方以孔、孟之时义，程、朱之名理，自居不疑，而人亦莫知夺之。是乃以术欺世，而即以术自免。"就是讥诮许鲁斋的。黄百家评他们二人，有曰："鲁斋之功甚大，数十年彬彬号称名卿大夫者，皆其门人。于是国人始知有圣贤之学。静修享年不永，所及不远。"又曰："鲁斋所见只具粗迹，故一世靡然从之；若静修者，天分甚高，居然曾点气象；固未可以功效较优劣也。"欧阳文公作《刘静修先生像赞》有曰："微点之狂，而有沂水风雩之乐；资由之勇，而无北鄙鼓瑟之声。于裕皇之仁，而见不可留之四皓；以世祖之略，而遇不可致之两生。"亦以曾点比之。但是静修的终于不肯仕元，实与曾点之以浴沂风雩为乐者不同。他对南宋，并没有什么故国之思，因为他本是北方人，北方沦陷于金人已久，他已不承认自己是宋朝人了。所以他的《渡江赋》，论者或以为幸宋之亡，或以为欲存宋。平心论之，他只是站在第三者的立场，哀南宋之为奸臣所误，并没有希望宋存或幸其亡的心理。其《书事》诗曰："路人遥指降王道，好似周家七岁儿。"《忆郝伯常》诗曰："飞书寄与平南将，早遣楼船下益州。"不是说得很明白吗？但是他的先世是仕于金的。其从伯祖是在金朝死事的。《登中山城》曰："陵迁谷变横流地，卵覆巢倾死节臣。毛髦①诸孙生气在，九原精爽凛②犹新。"就是怀念他从伯祖死节的事的。《上冢诗》曰："故国无家仍是客，病躯未老错呼翁。"上句明明有故国之思了。《题金太子墨竹》曰："策书纷纷少颜色，空山夜哭遗山翁。我亦飘零感白发，哀歌对此吟双蓬。"《跋遗山墨迹》曰："遗墨数篇君惜取，注家参校有他年。"他对于金亡后不肯仕元的元遗山极为钦迟，且以之自比。可见他的不肯仕元，实由于不能忘金。他又有《咏严光诗》曰："严陵成高节，此亦天子恩……中庸久芜没，矫激非天民。"他虽不肯仕元，但又不欲为矫激之行，故亦曾勉强应召赴京。但于出处之间，非常慎重，故又不肯久留。《咏四皓诗》曰："智脱③暴秦纲，义动英主颜。鄙哉山林槁，抟④也或可班。安得六黄鹄，五老相追攀。"四皓虽尝见汉高祖而终未仕汉，陈抟虽尝见宋太祖，而终

---

① 毛髦　底本作"髦老"，据《全元诗》第15册（P.108）改。
② 凛　底本作"凉"，据《全元诗》第15册（P.108）改。
③ 脱　底本作"晓"，据《全元诗》第15册（P.16）改。
④ 抟　底本作"搏"，据《全元诗》第15册（P.16）改。

未仕宋。他愿与四皓、陈抟为伍，即是以他们自比啊！但这终是不得已的事，他的内心实含有无限的悲哀。《和饮酒[①]》曰："人生丧乱世，无君欲谁仕？沧海一横流，飘荡岂由己？"《和杂诗》曰："太玄岂无知？不觉世运迫。为问莽大夫，何如成都陌[②]？"又《和拟古诗》假设客问曰："生世此不恶，君何守贱穷？"下文忽曰："急呼酌醇酒，延客无何中。"在故国沦亡之后，遗民即欲食贫守志，又谈何容易呢？

鲁斋和静修同是元初的北方人。即退一步说，因北方沦陷于金已久，他们已不是宋的遗民；但他们对于刚为元灭的金，总该有故国之思了。鲁斋的先人和本身虽未尝仕金，与静修的家世微有不同。但他是讲程朱理学的大儒，故国甫亡，即为新朝定朝仪官制，言立国规模，终觉得不甚妥当。鲁斋尝曰："纲常不可亡于天下。苟在上者无以任之，则在下者之任也。"出处如此，不知何以任不可亡之纲常？宜乎为静修所讥了。

至于江汉、草庐，则明明是南宋的遗民了。无论以民族的观念，纲常的论调，都不当复出。江汉之北上，是被俘的。元兵屠德安时，虽幸免被杀，但他曾于月夜披发呼号，徒跣行积尸间去投水，为姚枢所追及挽救得免。入京之后，只在太极书院讲学，其对世祖之问，亦复大义凛然。草庐，则是应聘而出的。他虽仅

[①] 和饮酒　底本作"和归田园居"，据《全元诗》第15册（P.33）改。
[②] 陌　底本作"柏"，据《全元诗》第15册（P.37）改。

充国子司业及翰林诸职,且不久即辞,但以视江汉,则终有惭色。他尝说:"近古之统,周子其元也,程、张其亨也,朱子其利也,孰为今日之贞乎?"他自以为能传周、程、张、朱的道统,为近代理学之贞。但他真能当此大任吗?

以上所述赵江汉、许鲁斋、刘静修、吴草庐四人,是元代的理学大儒。他们都是宗朱子的,所以都可说是朱子的后学。但他们在理学上实在没有什么大发明。所以元朝是理学的中衰时代。

第十二章

明中世以前的理学

　　理学中衰于元，而复兴于明。明代的理学家自以王阳明为最著。但在阳明之前，则有薛敬轩、吴康斋、陈白沙，与阳明同时，则有湛甘泉；薛、吴宗朱，陈、湛近陆。薛、吴足以起元代朱学之衰，陈、湛足以启明代王学之盛。但明代理学所以能复兴，我却认为明初方正学的气节，足以廉顽立懦，是一大关键。黄梨洲《明儒学案》中的《诸儒学案》，首列方正学，是很有意义的。

　　方孝孺，字希直，台州宁海人。年二十，至京师，游于宋濂之门。濂曰："游吾门者多矣，未有若方生者也。"濂返金华，复往从之，先后凡六年。应召，授汉中教授。蜀献王聘为世子之师，名其读书之堂曰"正学"。学者因称之为正学先生。建文时，为翰林博士，进侍讲学士。不时宣召，君臣之间，同于师友。及靖难之变，正学服斩衰，哭不绝声。成祖使其门人廖镛往召之。正学斥曰："汝读几年书，还不识个'是'字！"遂系狱。初，姚广孝以书嘱成祖曰："孝儒必不降，不可杀之！杀之，天下读书种子绝矣！"成祖欲令草登极诏书，谓之曰："我欲学周公，辅成王耳。"正学厉声曰："成王何在？"怒骂不已，遂磔之。年四十六。直至明南渡后，始追谥文正。著有《方正学集》。

正学尝谓"入道之路，莫切于公私义利之辨。念虑之兴，当静以察之。舍此不治，是犹纵盗于家，其余无可为力矣"。又言"周子主静，主于仁义中正，则未有不静。非强制其心如木石然，而不能应物也。故圣人未尝不动"。黄梨洲谓其"持守之严，刚大之气，与紫阳真相伯仲，固为有明之学祖"云云。按两宋理学极盛，南宋之亡，幸有一文文山，为两间存正气。文山虽不以理学著，而其刚正有非宋末依傍理学门户者所能及。明初，得一方正学，为两间存正气。正学虽亦不以理学著，而其刚正更非元初依傍理学门户者所能及。尊为有明学祖，洵非过当。湛甘泉《答王顺渠书》有云："石翁（按指陈白沙，陈号石斋，甘泉为其弟子，故称石翁）谓'名节，道之藩篱'者，云藩篱耳，非即道也。若谓即道，然则东汉之名节，晨门荷蒉之高尚，皆为得道耶？盖无其本也。"此语大误后人。自理学家离"名节"与"道"而二之，乃有名节全隳，而犹自负为足以任斯之重之妄人！且"名节"虽不足以尽"道"，但苟名节之不讲，尚足以言"道"吗？至于晨门、荷蒉，则为避世之士，有何名节可言？顾亭林生当明亡之际，痛恨王学末流之弊，至斥为无耻，其论学，揭"行己有耻"为旨，欲以挽此颓风。颓风之所由起，即自摒"名节"于"道"外始。不讲名节，空谈心性，托于"道"以自名高，则所谓"道"，所谓"理学"，与做人完全打成两橛了！所以我认为叙述明代的理学，不当把"有明学祖"方正学遗去！

正学之父名克勤，尝寻讨乡先达学问授受源委，几废寝食。故正学虽从学于宋濂，而以得自家教者为多。宋氏之学，长在文史，其于释老亦时在出入之间。正学在京师，虽文名藉甚，但友朋间以文辞相问者，必告以道，谓文不足为。其于佛氏痛斥尤力，一时僧徒皆恨之云。

正学虽足以振明初之学风，但明代前期的理学家终推薛、吴。

薛瑄，字德温，号敬轩，山西河津人。登进士第，官监察御史。三杨欲识其面，遣人要之。辞曰："职司弹事，岂敢私谒公卿？"三杨叹服。后出为山东提学佥事，主先力行而后文艺。人称薛夫子。时宦官王振专政，问三杨，'吾乡谁可大用'？以敬轩对。乃召为大理寺正卿。三杨命往谢王振。曰："拜爵公朝，谢恩私室，某所不能为。"后遇王振于东阁，百官皆跪，敬轩长揖而已。振大恨之。会有狱夫病死，妾欲改适，妻阻之。妾遂讼妻杀夫。敬轩发其诬。都御史王文承王振意，劾其故出。遂下狱论死。王振有老仆，山西人，闻之，泣于灶下。振问之，曰："闻薛夫子将被刑，故泣耳。"振恻然，乃减等戍边。未几，放还。

后起用为南京大理寺卿。苏、松大饥,富家有粟而不肯贷,饥民焚其宅。王文坐以谋反。敬轩抗疏辩之。王文曰:"此老倔强犹昔。"宦官金英奉使过南京,公卿饯于江上,敬轩独不往。金英回京曰:"南京好官惟薛某耳。"英宗复辟,迁礼部侍郎兼翰林学士,入内阁。于谦将被刑,敬轩谓同列曰:"此事人所共知,各有子孙。"石亨厉声曰:"事已定,不必多言。"及阁议,独请减刑。同列皆无言。退而叹曰:"杀人以为功,仁者不为。"乃致仕而归。居家八年,从学者甚众。卒,年七十六。谥文清,著有《读书录》。黄梨洲《明儒学案》为立《河东学案》。《明儒学案》卷前列有《师说》,盖取其师刘宗周之说。其评薛敬轩曰:"愚按前辈论一代理学之儒,惟于先生无间言,非以其为实践之儒欤?然先生为御史,在宣、正两朝,未尝铮铮一论事。景皇易储,先生时为大理,亦无言。或云先生方转饷贵州。及于肃愍之狱,系当朝第一案,功罪是非,人所共晓,而先生仅请从末减,坐视忠良之死而不之救,则将焉用彼相矣……而先生亦已愧[①]不自得,乞身去矣。然先生于道,于古人全体大用,尽多缺陷,特其始终进退之节,有足称者。则亦成其为'文清'而已。阅先生《读书录》,多兢兢检点言行间,所谓'学贵践履',意盖如此。或曰:'七十六年无一事,此心惟觉性天通。'(此敬轩临卒时留诗)先

---

① 愧 底本作"蝇",据《明儒学案》(P.2)改。

生晚年闻道，未可量也。"

今按薛敬轩的理学，仍是宗程朱的。其《读书录》，正长在检点言行处。其他不过《太极图说》《西铭》《正蒙》的义疏而已。且多重复杂出，似未经整理者。敬轩一生以践履见称。但为两朝御史不闻直谏，易储不闻直谏，于谦冤死不闻力争，终不能使人无间然。幸即毅然引退，尚为光明。

吴与弼，初名梦祥，字子傅，号康斋，抚州崇仁人。父溥，为国子司业。尝省亲京师，独处小楼，读《四书五经》及诸儒语录，二年不下楼。其往来京师，粗衣布履，人不知为司业之子。其后居乡讲学，躬耕食力。常于雨中被蓑笠与诸生并耕，归则饭糁蔬豆，共食而已。陈白沙来学。一日晨，康斋已亲自簸谷，白沙未起。康斋大声曰："这秀才如此懒惰，他日何从到伊川门下，又何从到孟子门下？"英宗复辟，石亨专政，其门客谢昭劝征康斋以收人望。亨命李文达上疏请之。乃特遣曹隆至崇仁礼聘。至京，召对，命为太子谕德，以辅东宫。且以宾师之礼馆之。康斋再三力辞，并称疾笃。英宗许留待秋凉遣归，辞愈力。乃特命王惟善送归崇仁。及抵家，人问其故。曰："欲保性命而已。"卒，年七十九。有《康斋日录》。《明儒学案》有《崇仁学案》。

《明儒学案·师说》评吴康斋曰："先生之学，刻苦奋励[①]，多

---

① 励 底本作"厉"，据《明儒学案》(P.3)改。

从五更枕上汗流泪下得来。及夫得之而有以自乐，则又不知足之蹈之手之舞之。盖七十年如一日，愤乐相生，可谓独得圣人之心精①者。至于学之之道，大要在涵养性情，而以克己安贫为实地。此正孔颜寻向上工夫。故不事著述而契道真，言动之间悉归平澹②。晚年出处一节，卓然世道羽仪；而处之泰然，圭角不露，非有得于道，岂能如是？《日③记》云：'澹④如秋水贫中味，和似春风静后功。'可为先生写照。充其所诣，庶几"依乎中庸，遁世不见知而不悔"气象。余尝僭评一时诸公，薛文清多困于流俗，陈白沙犹激于声名，惟先生醇乎醇云。"

康斋生平，只有两件事，为论者所不满。一件是为石亨做《族谱跋》，自称"门下士"；一件是和他的弟弟涉讼。张庭祥甚至有"上告素王，正名讨罪，不容久窃虚名"的话。对石亨称门下士，顾允成以为是好事者所为。先生之力辞谕德而归，意盖若将浼焉，去之惟恐不速，岂肯自附于匪人。黄梨洲则谓徐孺子于荐之者，虽不应命，及卒，必千里往吊，先生亦行此古道而已。应聘辞官，其不肯附石亨，已自显然，不此之求，而斤斤于称谓文字之间，亦末矣。至与弟涉讼事，刘蕺山以为其弟鬻祭田，先生讼之，且囚服对簿，绝无矫饰，非名誉心净尽，不能至此。黄

---

① 精　底本作"情"，据《明儒学案》（P.3）改。
②④ 澹　底本作"淡"，据《明儒学案》（P.3）改。
③ 日　底本脱，据《明儒学案》（P.3）补。

梨洲则谓先生之过,不特在讼弟,尤在不能喻弟于道。然先生之过,所谓揭日月而共见者。《明儒学案》本传又言先生自辞官归,以民力服田。抚守张瑄往见,拒之。当时京中贵人如尹直等忌先生。张瑄因嗾人代其弟讼之。状入,即遣隶拘之。门人胡居仁劝以官服往。先生服民服从拘者至庭。瑄加以嫚侮。先生无愠色,且谅其弟非出本意,和好如初云云。则此二事都不足以议康斋了。

顾允成评康斋,谓其"一团和气,可追太古之璞"。黄梨洲亦曰:"先生上无所传,而闻道最早。身体力验,只在走趋语默之间。出作入息,刻刻不忘,久之自成片段,所谓敬义夹持,诚明两进者也。一切玄远之言,绝口不道。学者依之,真有途辙可循。"按康斋也是宗程朱的,其践履之笃实,尤在敬轩之上。而陈建《通记》、薛方山《宪章录》说他所以至京之后,不肯受职,是因敕书以伊傅之礼聘之,而仅授以太子谕德之职,未免失望。这真是妄人的妄说!

敬轩、康斋足以振中衰之朱学。而康斋弟子陈白沙,则上继陆象山,下启王阳明,为理学史上一大转捩。故黄梨洲曰:"有明之学,至白沙始入精微。其吃紧工夫全在涵养,喜怒未发而非空,万感交集而不动;至阳明而始大。两先生之学,最为相近。"

陈献章,字公甫,号石斋,新会白沙里人,故学者称白沙先生。中会试乙榜，入国子监。后至崇仁，受业于吴康斋。归里，绝意科举，筑春阳台，静坐其中。后复游太学。祭酒邢让命诸生和杨龟山《此日不再得》诗，见白沙所作，惊曰："即龟山不如也！"扬言于朝，以为真儒再出。由是，名动京师。及归，门人益进。以彭韶、朱英荐，召至京，受翰林院检讨，乞终养而归。后屡荐不起。卒，年七十三。追谥文恭。著有《陈白沙全集》。《明儒学案》有《白沙学案》。

白沙自述为学曰："仆年二十七，始发愤从吴聘君学。其于古圣贤垂训之书，盖无所不讲；然未知入处。比归白沙，杜门不出，专求所以用力之方。既无师友指引，日靠书册寻之，忘寐忘食，如是者累年，而卒未有得。所谓未得，谓吾此心与此理未有凑泊吻合处也。于是舍彼之繁，求吾之约，惟在静坐。久之，然后见吾此心之体隐然呈露，常若有物。日用间种种应酬，随吾所欲，如马之御衔勒也。体认物理，稽诸圣训，各有头绪来历，如水之有源委也。于是涣[①]然自信曰：'作圣之功，其在兹乎！'有学于仆者，辄教之静坐。盖以吾所经历，粗有实效者告之，非务为高虚以误人也。"（见《复赵提学书》）可见他初从吴康斋，学朱子之学；其后自得者，则近于陆子之学，而可以下启阳明。

---

① 涣 底本作"渔"，据《明儒学案》（P.81）改。

第十二章 明中世以前的理学

黄梨洲曰:"先生之学,以虚为基本,以静为门户,以四方上下往来古今穿纽凑合为匡郭,以日用常行分殊为功用,以勿忘勿①助之间②为体认之则,以未尝致力而应用不遗为实得。远之则为曾点,近之则为尧夫,此可无疑者也。故有明儒者,不失其矩矱者亦多有之,而作圣之功,至先生而始明,至文成而始大。向使先生与文成不作,则濂洛之精蕴,同之者固推见其至隐,异之者亦疏通其流③别,未能如今日也。"敬轩、康斋,即所谓不失矩矱的儒者。而发明作圣之功者,终推白沙,且足以下被阳明。

那末,白沙自得的作圣之功,究竟是什么呢?其《与林缉熙书》曰:"终日乾乾,只是收拾此理而已。此理干涉至大,无内外,无终始,无一处不到,无一息不运。会此,则天地我立,万化我出,而宇宙在我矣。得此把柄入手,更有何事?往来古今,四方上下,都一齐穿纽,一齐收拾。随时随处,无不是这个充塞。色色信他本来,何用尔脚劳手攘④?舞雩三三两两,正在勿忘勿助之间。曾点些儿活汁,被孟子打并出来,便都是鸢飞鱼跃。若无孟子工夫,骤而语之以曾点见趣,一似说梦。会得,虽

---

① 勿 底本脱,据《明儒学案》(P.80)改。
② 间 底本作"向",据《明儒学案》(P.80)改。
③ 流 底本作"派",据《明儒学案》(P.80)改。
④ 攘 底本作"搶",据《明儒学案》(P.85)改。

尧舜事业，只是一点浮云过目，安事推乎[①]？此理包罗上下，贯彻终始，滚作一片，都无分别，无尽藏故也。自兹以往，更有分殊处，合要理会，毫分缕析。义理尽管无穷，工夫尽管无穷，书中所云，乃其统体该括耳。夫以无所著之心行于天下，亦焉往而不得哉？"则所谓作圣之功，便是要收拾此理；理会得此，则宇宙在我，不用脚劳手攘。这就是明道所谓"学者须先识仁……识得此理，以诚敬存之而已，不须防检，不须穷索"的意思；也就是象山所谓"先立乎其大者"；而其所谓"理"，也就是象山所云"心即理"之理，故曰"以无所著之心行于天下，焉往而不得"。又《复张东白书》曰："夫学有由积累而至者，有不由积累而至者；有可以言传者，有不可以言传者……大抵由积累而至者，可以言传也；不由积累而至者，不可以言传也。"又曰："义理之融液，未易言也；操存之洒落，未易言也。"所谓"未易言"者，就是"不可以言传"的。不可以言传者，不能求之书册，得之师授，即是"不由积累而至者"，则非自得不可。故又曰："是故道也者，自我得之，自我言之可也。"怎样自得之呢？他以为莫如静坐。故《与罗一峰书》曰："伊川先生每见人静坐，辄叹其善学。此一'静'字，以濂溪先生主静发源。后来程门诸公递相传授，至于豫章、延平，尤专提此教人，学者亦以此得力。晦

[①] 乎　底本作"求"，据《明儒学案》（P.85）改。

翁恐人差入禅去，故少说'静'，只说'敬'，如伊川晚年之训，此是防微虑远之道。然在学者须自度量如何。若不至为禅所诱，仍多着静，方有入处。若平生忙者，此尤为对症之[①]药。"《与林君书》又曰："学者劳攘则无由见道。故观书博识，不如静坐。"《与贺克恭书》亦曰："为学须从静坐中养出个端倪来，方有商量处。"白沙自述为学，谓从吴聘君学，于古圣贤之书无所不讲，然未知入处。及归白沙，求之典册，又累半年未有所得。静坐久之，方见吾心之体，而得作圣之功。所以他是从静坐中自得的，不是由积累而至的。

《明儒学案·师说》曰："先生学宗自然，而要归于自得。自得，故资深逢源，与鸢鱼同一活泼，而还以握造化之枢[②]机。可谓独开门户，超然不凡。至问所谓得，则曰'静中养出端倪'。向来求之典册，累年无所得，而一朝以静坐得之。似与古人之言自得异。孟子曰：'君子深造之以道，欲其自得之也。'不闻其以自然得也。静坐一机，无乃浅尝而捷取之乎？自然而得者，不思而得，不勉而中，从容中道，圣人也。不闻其以静坐得也。先生盖亦得其所得而已。道本自然，人不可以智力与。才欲自然，便不自然。故曰：'会得的，活泼泼地；不会得的，只是弄精魂。'静中养出端倪，不知果是何物。端倪云者，心可得而拟，口不可得

---

① 之　底本作"下"，据《明儒学案》（P.84）改。
② 枢　底本脱，据《明儒学案》（P.4）改。

而言，毕竟不离精魂者近是。今考先生证学诸语，大都说一段自然工夫，高妙处不容凑泊，终是精魂作弄处。盖先生识趣近濂溪，而穷理不逮；学术类康节，而受用太早。质之圣门，难免欲速见小之病者也。似禅非禅，不必论矣。"

白沙之学，论者多病其近禅。黄梨洲曰："圣学久湮，共趋事为之末，有动察而无静存。一及'人生而静'以上，便以为邻于外氏。此庸人之论，不足辨也。"按白沙《复赵提学书》有曰："佛氏教人静坐，吾亦曰静坐；曰惺惺，吾亦曰惺惺；'调息'近于'数息'，'定力'有似'禅定'；所谓流于禅学者，非此类欤？"又《与何时矩书》曰："禅家语，初看亦甚可喜。然实自侊侗，与吾儒似同而异，毫厘间便分霄壤。此古人所以贵择之精也。如此辞所见大体处，了了如此，闻者安能不为之动？但起脚一差，立到前面，无归宿，无准的，便日用间种种各别，不可不勘破也。"是白沙也自以为近乎禅学而又有区别。张元桢寄诗，亦有疑其近禅之意。理学中自始即羼有禅学的分子，亦不独白沙为然。且白沙亦非只贵静悟者。如《与贺克恭书》曰："心地要宽平，识见要超越，规模要阔远，践履要笃实；能此四者，可以言学矣。"《与李德孚书》曰："大抵吾人所学，正欲事事点检。"可以见其不废点检，且重践履了。

白沙的弟子，莫如湛甘泉。甘泉和王阳明同时。《明儒学案》为别立《甘泉学案》。

湛若水，字元明，号甘泉，广东增城人。从学于陈白沙。登进士第。张元桢阅卷，得甘泉文，曰："此非白沙之徒不能为。"拆名，果然。选庶吉士，擢编修。时王阳明在吏[①]部，讲学，与甘泉往复讨论。后奉使安南，册封国王。丁母忧，归，庐墓三年。卜西樵为讲舍，从学者甚多。服阕，起为侍读，累官南京礼、吏、兵三部尚书。致仕。平生所至[②]，辄建书院以祀白沙。卒，年已九十五。谥文简。有《文集》《语录》。

王、湛两家讲学各立宗旨。甘泉门人，虽不及阳明之盛，然当时学于甘泉者或卒业于王门，学于阳明者或卒业于甘泉，亦犹南宋时朱、陆二子之门下互相出入者然。阳明以"致良知"为宗旨；甘泉以"随处体认天理"为宗旨。有为之调停其间者，以为"体认"即是"致"，"天理"即是"良知"。但两人之说，终有不同。如论"格物"，阳明训"格"为"正"，"物"为"念头"，格物是正念头。甘泉则云："苟不加学问思辨行之功，则念头之正否未可据。"又如阳明但指腔子里以为心。甘泉则谓"心体万物而不遗"。故讥阳明为是内而非外。阳明亦以甘泉的"随处体认天理"为求之于外。所以两家之说，是不能强之使合的。

甘泉有《心性图说》。其图如下：

---

① 吏　底本误作"史"，据《明儒学案》（P.875）改。
② 至　底本作"致"，据《明儒学案》（P.875）改。

心性图

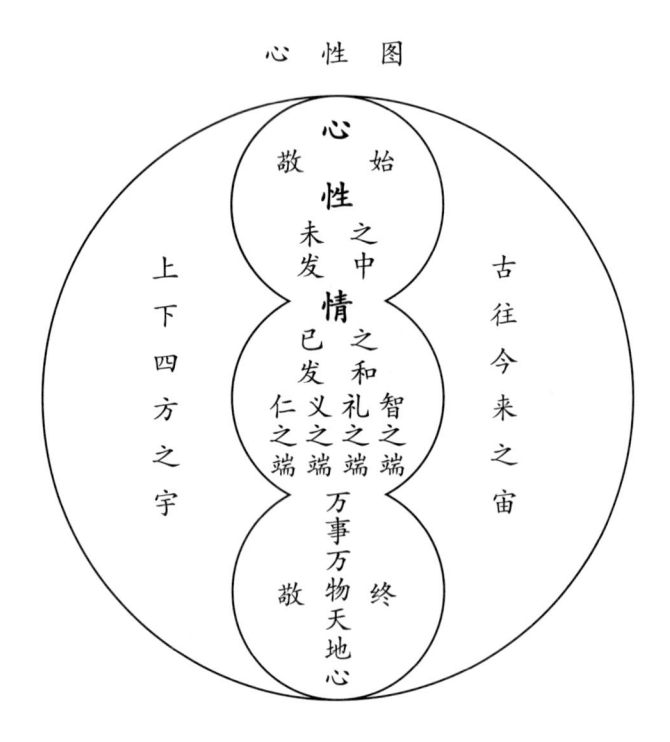

```
       心   始
    敬  性
      未 之
      发 中
         情
         已 之
         发 和
      仁 义 礼 智
      之 之 之 之
      端 端 端 端
         万事万物天地心
         敬       终
    上下四方之宇    古往今来之宙
```

说曰："性者，天地万物一体者也。浑然宇宙，其气同也。心也者，体天地万物而不遗者也。性也者，心之生理也。心、性，非二也。譬之谷焉，具生意而未发。未发，故浑然不可见。及其发也，恻隐、羞恶、辞让、是非萌焉。仁、义、礼、智，自此焉分矣，故谓之'四端'。端也者，始也，良心发见之始也。是故始之敬者，戒惧慎独以养其中也。中立而和发焉。万事万化自此出焉。达而位育，不外是矣。故位育非有加也，全而归之者耳。终之敬者，即始之敬而不息焉者也。曰，何以小圈？曰，心无所不贯也。曰，何以大圈？曰，心无所不包也。包与贯，实非二也。故心也者，包乎天地万物之外，而贯夫天地万物之中者也。中、外，非二也。天地无内外，心亦无内外，极言之耳矣。故谓内为心，而外天地万物以为心者，小之为心也甚矣。"甘泉所谓"心"，即是白沙所谓"理"，因为"心即理"，故或谓之理，或谓之心。此《心性图说》可以和上文所引白沙《与林缉熙书》参看。末言"谓内为心而外天地万物以为心者"，即谓阳明但指腔子里为心，而以随处体认天理为求之于外。象山已云，"宇宙即是吾心，吾心即是宇宙"。甘泉所云，"心也者体天地万物而不遗者也"；"心也者包乎天地万物之外，而贯夫天地万物之中"；都是直提一"心"字，与阳明同。故其说虽与阳明略有出入，从这直提"心"字一点上看，可以说是从理学转为"心学"的枢纽。

甘泉生平，对白沙可谓备极推崇，但于白沙特提一"静"字，又似乎不肯苟同。如《答余督学书》曰："古之论学，未有以静为言者。以静为言者，皆禅也。故孔门为学，皆欲于事上求仁，动静着力。何者？静不可以致力。才致力，便已非静矣。故《论语》曰：'执事敬。'《易》曰：'敬以直内，义以方外。'《中庸》戒慎恐惧慎独，皆动以致其力之方也。何者？静不可见。苟求之静焉，骎骎乎入于荒忽寂灭之中矣。故善学者，必令动静一于敬。敬立而动静浑矣。此合内外之道也。"他主张易"静"为"敬"，以为敬立，则可以一动静，合内外。如但以静言，则入乎禅。《答徐曰仁书》又曰:"吾人切要,只于执事敬用功。自独处以至读书应酬,无非此意。一以贯之,内外上下,莫非此理,更有何事?吾儒开物成务之学,所以异于佛老者此也。"《寄王纯甫书》曰:"涵养此知识,要在主敬,无间动静也。"盖以"敬"为涵养此知识的工夫,无间动静,故自独处以至读书应酬,开物成务,都须于"执事敬"上用功。这是他与白沙不同处。故《答聂文蔚书》有曰:"圣贤之学,元无静存动察相对,只是一段工夫;凡所用功,皆是动处……至伊川,乃有静坐之说,又别开一门面。故仆志先师云:'孔孟之后,若更一门。'盖见此也。"这不同之点,他自己也坦然承认的。

他又主张致知与涵养不可偏废,且当并进。如《答陈惟浚书》曰:"涵养须用敬,进学在致知,如车两轮。夫车两轮,同一车也;行则俱行,岂容有二?而谓有二者,非知程学者也。鄙见以为如人行路,足目一时俱到。涵养、进学,岂容有二?自一念之微以至于事为讲习之际,涵养致知一时并在,乃为善学也。程子曰:'学在知所有,养所有。'"《答方西樵书》曰:"明道……首言'识得此意,以诚敬存之',知而存也;又言'存久自明',存而知也。知行交进,所知所存,皆是一物。"《答顾箬溪书》又曰:"夫学不过知行。知行不可离,又不可混……故随处体认天理而涵养之,则知行并进矣。"但这仅是"知行并进",不是阳明的"知行合一"。

第十三章

王阳明

《明儒学案·姚江学案》曰:"有明学术,白沙开其端,至姚江始大明。盖从前习熟先儒之成说,未尝反身理会,推见至隐,所谓此亦一述朱耳,彼亦一述朱耳。高忠宪云:'薛文清、吕泾野《语录》中,皆无甚透悟。'亦为是也。自姚江指点出'良知人人现在,一反观而自得',便人人有个作圣之路。故无姚江,则古来之学脉绝矣。"盖自南宋经元以至明初,所谓理学诸儒,都宗朱子,别无发明。陆象山一派,理学中之"心学",几已衰歇。及陈白沙出,"心学"一派乃又呈复兴之象。而集"心学"之大成者,终推姚江的王阳明。

王守仁,幼名云,字伯安,浙江余姚人。因尝读书于阳明洞,故学者称阳明先生。其父华,官至南京吏部尚书。阳明少时豪迈,十五岁,即纵游塞外,逾月始归。十八岁时,过广信,谒娄一斋,慨然以为圣人可学而至。登进士第,官兵部主事。时宦官刘瑾专政，逮南京科道官。阳明抗疏救之。遂下狱，受廷杖，谪贵州龙场为驿丞。途中，刘瑾遣人迹之，欲加害，阳明伪为投水，得脱，至龙场。后刘瑾伏诛，起知庐陵县。历官至南京鸿胪寺卿。时虔闽不靖，兵部尚书王琼特荐阳明，乃以左佥都御史巡抚赣南。平漳南诸寇。宸濠反，回吉安，起兵讨之。宸濠正围安庆，闻阳明已破南昌，回师与战于樵舍。宸濠兵败被擒。而武宗亲征至江西。张忠、许泰等欲纵宸濠于鄱阳湖，待武宗亲与战而擒之。阳明不可，遂夜过玉山，而以宸濠付太监张永。以平宸濠功，兼江西巡抚，升南京兵部尚书，封新建伯。丁父忧。服阕，起为左都御史，讨平思田，破八寨、断藤峡。班师至南安，病卒，年五十七。追封新建侯，谥文成。所著辑为《王文成公全书》。

黄梨洲叙述阳明为学经过曰："先生之学，始泛滥于词章。继而遍读考亭之书，循序格物；顾物理、吾心终判为二，无所得入，于是出入于佛老者久之。及至居夷处困，动心忍性，因念圣人处此，更有何道？忽悟格物致知之旨，圣人之道，吾性自足，不假外求。其学凡三变而始得其门。自此之后，尽去枝叶，一意本原，以默坐澄心为学的。有未发之中，始有发而中节之和。视听言动，以收敛为主，发散是不得已。江右以后，专提'致良知'三字，默不假坐，心不待澄，不习不虑，出之自有天则。盖良知即是未发之中，此知之前，更无未发；良知即是中节[①]之和，此知之后，

---

① 中节　底本作"已发"，据《明儒学案》（P.180）改。

第十三章 王阳明

更无已发。此知自能收敛，不须更主于收敛；此知自能发散，不须更期于发散。收敛者，感之体，静而动也；发散者，寂之用，动而静也。知之真切笃实处即是行；行之明觉精察处即是知；无有二也。居越以后，所操益熟，所得益化，时时知是知非，时时无是无非，开口即得本心，更无假借凑泊，如赤日当空，而万象毕照。是学成之后，又有三变也。"——这是述王阳明为学之历程，共有六个阶段。阳明临终时尝曰："我平生学问，才做得几分，惜不得与吾党共成之！"所以这六个阶段，在他自己，认为还没有做到顶上的工夫。

理学中的"心学"，陆象山已启其萌芽，到王阳明方为大成。象山已说，"心即理"，"宇宙即是吾心，吾心即是宇宙"。这是"心学"最重要的宗旨。阳明也常说"心即理"。《传习录》记他的话道："心即理也。天下又有心外之事，心外之理[①]乎？"又说："或问心即理之说，程子曰：'在物为理'，如何谓心即理？先生曰：'在物为理，在字上当添一心字，此心在物即为理。'"又《答顾东桥书》曰："心之体，性也。性即理也。故有孝亲之心，即有孝亲之理；无孝亲之心，即无孝亲之理矣。有忠君之心，即有忠君之理；无忠君之心，即无忠君之理矣。理岂外于吾心耶？晦庵谓'人之所以为学者，心与理而已。心虽主乎一身而实管乎天下之

[①] 理 底本作"物"，据《王文成公全书》(P.3) 改。

理，理虽散在万事而实不外乎一人之①心'。是其一分一合之间未免已启学者心理为二之弊。"阳明此云"性即理"，似与朱子"性即理"之言相同。但阳明以为性是心之体，心即理，故性亦即理。朱虽云"性即理"，但认心与性不同，故不言心即理。故依朱子的言论，可以说"在物为理"；以阳明的理论，必须说"此心在物即为理"，不能只说"在物为理"。以阳明的理论，可以说"无孝亲忠君之心即无孝与忠之理"；以朱子的理论，只能说"有忠孝之理，故有孝亲忠君之心"，不能如阳明倒过来说，更不能说"无孝亲忠君之心，即无孝与忠之理"。这差别看似极微，所关却很大。因为"心即理"，是"心学"理论的根据。

王阳明《大学问》释"明德"曰："大人者，以天地万物为一体者也。其视天下犹一家，中国犹一人焉。若夫间形骸而分尔我者，小人矣。大人之能以天地万物为一体者，非意之也，其心之仁本若是，其与天地万物而为一也。岂惟大人，虽小人之心，亦莫不然。彼顾自小之耳。是故见孺子之入井，而必有怵惕恻隐之心焉，是其仁与孺子而为一体也。孺子犹同类者也，见鸟兽之哀鸣觳觫而必有不忍之心焉，是其仁与鸟兽而为一体也。鸟兽犹有知觉者也，见草木之摧折，而必有悯恤之心焉，是其仁与草木而为一体也。见瓦石之毁坏，而必有顾惜之心焉，是其仁与瓦石而

---

① 一人之 底本倒作"人之一"，据《王文成公全书》（P.52）改。

第十三章　王阳明

为一体也。是其一体之仁也，虽小人之心，亦必有之。是乃根于天命之性，而自然灵昭不昧者也。是故谓之明德。"又释"明明德"，曰："是故苟无私欲之蔽，则虽小人之心，而其一体之仁，犹大人也。一有私欲之蔽，则虽大人之心，而其分隔隘陋，犹小人矣。故夫为大人之学者，亦惟去其私欲之蔽，以自明其明德，复其天地万物一体之本然而已耳，非能于本体之外，有所增益之也。"按程明道《识仁篇》已说"此理浑然与物同体"。张横渠《西铭》已明"民吾同胞，物吾同与"之旨。阳明此论，不过说得更为明白而已。人人都有此与天地万物一体之仁心，小人之所以终为小人者，不过为私欲所蔽，于是隔形骸，分尔我，把此心分隔得隘陋狭小了。这就是象山所云"宇宙不曾限隔人，人自限隔宇宙"的意思。如能把私欲之蔽除去，则"障碍窒塞，一齐除去"，自能明其明德，复其本与天地万物为一体之心，则"人心是天渊，无所不该[①]"，故"心外无事，心外无物"，而此心直"为天地万物之主"，"言心，则天地万物皆举"了。这就是象山"宇宙便是吾心，吾心便是宇宙"的境界。此种见解，可以名之曰"唯心的"。此种学说，可以名之曰"心学"。

　　阳明为学工夫，在"致良知"与"知行合一"，而且这两句话是打成一片的。"良知"是什么呢？孟子尝说："人之所不学而

[①] 该　底本作"赅"，据《王文成公全书》（P.119）改。

能者,其良能也;所不虑而知者,其良知也。""良知"二字,始见于此。阳明以良知为吾人心之所固有,其意亦谓是"不虑而知"的。《大学问》说:"天命之性,粹然至善,其灵昭不昧者……是乃明德之本体,而即所谓良知者也。"则"良知"即是"明德"。但据上文所引《大学问》之言观之,则"明德"又即人人所同具之心,与天地万物一体之仁,此亦根于天命之性,而自然灵昭不昧者。则"良知"又即是"仁"了。《与陆元静书》曰:"孟子云:'是非之心,智也。'是非之心,人皆有之,即所谓良知也。孰无是良知乎?"《传习录》亦曰:"良知只是个是非之心。"则"良知"又即是"智"了。所以阳明所谓"良知",是包括具有四端的"心"的。"心即理",良知亦即是理。故又曰:"心之本体,即天理也;天理之昭明灵觉所谓良知也。"良知包括是非之智,故能知善知恶。《传习录》又曰:"凡意念之发,吾心之良知无有不自知者。其善欤,惟吾心之良知自知之;其不善欤,亦惟吾心之良知自知之。"吾人皆有此知善知恶之良知,但须"于良知之所善恶者,无不诚好而诚恶之,则不自欺其良知,而意可诚"。吾人不但不自欺其良知,尤当能致其良知。"明德之本体"即"良知",故"明明德"即是"致良知";"亲民乃所以明其明德",故"亲民"亦即是"致良知。""然欲致其良知,亦岂影响恍惚而悬空无实之谓乎?是必实有其事矣,故致知必在于格物。物者,事也"。(均见《大学问》)"心之所发便是意……意之所在便是物。如意在

第十三章 王阳明

于事亲，则事亲便是一物……意在于仁民爱物，则仁民爱物便是一物。意在于视听言动，则视听言动即是一物。"（见《传习录》）"格者，正也，正其不正以归于正也。正其不正者，去恶之谓也。归于正者，为善之谓也"。（见《大学问》）故吾人能于视听言动、事亲仁民等事，去其不正而归于正，都可以说是"致良知"。那末，自诚意、正心、修身，推而至于齐家、治国、平天下，也都是"明明德"，也都是"致良知"了。

"良知"是"知"，"致良知"已是"行"。阳明既提出"致良知"以教人，自然得讨论到"知"与"行"的问题。《尚书·说命》曰："知之匪艰，行之惟艰。"是把"知""行"分做两事的。《论语》曰："博学于文，约之以礼。"博文指"知"，约礼指"行"。《中庸》曰："博学之，审问之，慎思之，明辨之，笃行之。"前四项是"知"，末一项是"行"。是先"知"而后"行"的。阳明则主"知行合一"。《与陆元静书》曰："《易》曰：'知至至之。'知至者，知也；至之者，致知也。此知行之所以一也。"此明以"致知"为"行"了。又曰："凡谓之行者，只是着实去做这件事。若着实做学问思辨工夫，则学问思辨亦即是行矣。学是学做这件事，问是问做这件事，思辨是思辨做这件事，则行亦便是学问思辨矣。若谓学问思辨之，然后去行，却如何悬空先去学问思辨？得行时，如何去得个学问思辨的事？行之明觉精察处便是知；知之真切笃实处便是行。若行而不能明觉精察，便是冥行，便是学而不思则惘,所以必须说个知。知而不能真切笃实,便是妄想,便是思而不学则殆,所以必须说个行。原来只是一个工夫。凡古人说知行,皆是就一个工夫上补偏救弊说,不如今人截然分做两件事做。如今说知行合一,虽亦是就今时补偏救弊说,然知行体段,亦本来如是。"学问思辨是属于知的;若着实去做学问思辨工夫,便是行了;故"致知"是"行"。"行之明觉精察处便是知,知之真切笃实处便是行",故"知""行"原来只是一个工夫。故又曰:"知行原是两个字说一个工夫。这一个工夫,须着此两个字,方说得完全无弊病。无头脑处见得分明,见得原是一个头脑,则虽把知行分做两个说,毕竟将来做那一个工夫,则始或未便融会,终所谓百虑而一致矣。若头脑见得不分明,原看做两个了,则虽把知行合作一个说,亦恐终未有凑泊处。况又分作两截去做,则是从头至尾,更没讨下落处也。""知"与"行",字虽两个,只是一个工夫,故必须合一,不可分做两截。他又举《大学》"如好好色,如恶恶臭"二语为例曰:"见好色属知,好好色属行。只见好色时已是好了,不是见后又立个心去好。闻恶臭属知,恶恶臭属行。只闻恶臭时已自[①]恶了,不是闻后又别立个心去恶。"以见"知"与"行"不能分作两截。故总而言之,"知是行的主意,行是知的工夫。知是行之始,行是知之成。若会得时,

---

① 自 底本作"是",据《明儒学案》(P.199)改。

只说一个知,已自有行在;只说一个行,已自①有知在"了。"古人所以既说知又说行者,只为世间有一种人,懵懵懂懂,任意去做,更不解思维省察,只是个冥行妄作,所以必说个知,方才行得是。又有一种人,莽莽荡荡,悬空去思索,全不肯着实躬②行,只是个揣摩影响,所以必说个行,方才知得真。此是古人不得已补偏救弊的说话。今若知得宗旨,即说两个亦不妨,亦只是一个。若不会宗旨,便说一个,亦济得甚事,只是闲说话"!知是行的主意,故曰"行之始";行是知的工夫,故曰"知之成";知是行之始,行是知之成,故知行只是一个工夫,故说知已有行在,说行已有知在。古人所以说"知"说"行",不过要人"行得是""知得真"耳。所谓"行得是"即行之明觉精察者,所谓"知得真"即知之真切笃实者。故答徐爱③问曰:"未有知而不行者,知而不行,只是未知。"盖知而不行,则所知仍未真切笃实,仍不是真知;因未真知,所以不行耳。黄梨洲曰:"先生以为'圣人之学,心学也''心即理也',故于格物致知之训,不得不言'致吾心良知之天理于事事物物'。以知识为知,则轻浮而不实,故必以力行为工夫。良知感应神速,无有等待;本心之明即知,不欺本心之明即行也;故不得不言'知行合一'。其立言之大旨,不出于是。"

---

① 自　底本作"是",据《明儒学案》(P.199)改。
② 躬　底本作"于",据《明儒学案》(P.199)改。
③ 爱　底本作"憂",据《明儒学案》(P.199)改。

这是说明阳明所以特提"致良知"与"知行合一"的原由。

阳明以为"天下无心外之物",而心又"只是一个灵明",故说"善恶只是一物"。善与恶是相反的,如何说只是一物呢?阳明曰:"至善者心之本体。本体上才过当些子,便是恶了。不是有个善,却又有个恶来相对也。故善恶只是一物。"这与程子所谓"善固性也,恶亦不可不谓之性";"善恶皆天理,谓之恶者本非恶,但于本性上过与不及之间耳";正是同意。为什么会"过当"而成为恶呢?因为"有所着"。故又曰:"喜怒哀惧①爱恶欲谓之七情。七者俱是人心合有的。但要认得良知明白……七情顺其自然之流行,皆是良知之用,不可分别善恶。但不可有所着。七情有着俱谓之欲,俱为良知之蔽。然才有着时,良知亦自会觉;觉即蔽去,复其体矣。"所谓"有所着"者,即是着一分私意之谓。故答问《大学》"有所忿懥"条曰:"忿懥几件,人心怎能无得?只是不可'有'耳。凡人忿懥,着了一分意思,便怒得过当,非廓然大公之体了。故'有所忿懥',便'不得其正'也。如今于凡忿懥等件,只是个物来顺应,不要着一分意思,便心体廓然大公,得其本体之正了。且如出外见人相斗,其不是的,我心亦怒。然虽怒,却此心廓然,不曾动些子气。如今怒人,亦得如此,方才是正。"这又和程明道所谓"圣人之喜以物之当喜,圣人之怒以物之

---

① 惧 底本作"乐",据《王文成公全书》(P.138)改。

当怒""廓然而大公,物来而顺应"同意。盖本体虚明,故能当喜而喜,当怒而怒,毫无过当,毫无沾滞执着,顺其情之自然流行,故"情顺万事而无情"耳。

至于人们说外物有善恶,乃由吾人自己的立场言之,外物本身原无善恶。此等善恶,皆由吾人好恶所生。但好恶之情,也是人心所合有,不必去,亦不能去,但亦不可"有所着"而已。《传习录》中有一条,即借去花间草为喻。其言曰:"天地生意,花草一般,何曾有善恶之分?汝欲观花,则以花为善,以草为恶;如欲用草时,复以草为善矣。此等善恶,皆由汝心好恶所生,故知是错……曰'草既非恶,即不宜去矣'?曰:'如此,却是佛老意见。草若有碍,汝何妨去?'曰'如此又是作好作恶了'?曰:'不作好恶,不是全无好恶。全无好恶,却是无知觉的人。谓之不作者,只是好恶一循于理,不去又着一分意思;如此,即是不曾好恶一般……草有妨碍,理亦宜去,去之而已;偶未即去,亦不累心。若着了一分意思,即心体便有贻累,尽有许多动气处。'"此条所说"一循于理",即是"一循良知之自然",循良知之自然而无所着,即是"情顺万事而无情"了。

《答陆元静书》曰:"圣人致知之功,至诚无息。其良知之体,皦如明镜,略无纤翳。妍媸之来,随物见形,而明镜曾无留染。所谓情顺万事而无情者也。'无所住而生其心',佛氏曾有言,未为非也。明镜之应物,妍者妍,媸者媸,一照而皆真,即是'生其心'处。一过而不留,即是'无所住'处。""生其心",即是顺吾情之自然流行,当喜怒哀乐而喜怒哀乐,当好恶而好恶,故"草有妨碍,理亦宜去,去之而已"。"无所住",即不着一分意思,便不致过当,不致有所沾滞执着,故"偶未即去,亦不累心",而"心体无贻累"。这便是"一循于理",一循良知之自然;这便是"廓然大公,物来顺应";这便如明镜照物,妍者自妍,媸者自媸,而照过之后,明镜曾无留染。李翱所谓"视听昭昭而不起于见闻""物至之时,其心昭昭然明辨焉而不着于物",也是此意。

所谓"有所着",也就是程明道所谓"自私用智"。阳明以为道佛的缺点,就在于"有所着"。故尝谓"佛氏不着相,其实着了相"。佛怕父子夫妇君臣之累,有意于逃避父子夫妇君臣,即是有意于不着相;不知此"有意"便是"着了相"。又曰:"仙家说虚,从养生上来;佛家说无,从出离生死苦海上来;却于本体上加这些子意思在,便不是他虚无底本色了。"要求长生,要求脱离生死苦海,已是自私。而有意求"虚",有意求"无",此"有意"便是"有所着",便非真"虚"真"无"了。故不如吾儒之"有父子还他以仁,有君臣还他以义,有夫妇还他以别","只是顺其良知之发用","只是还他良知的本色,更不着些子意思在","何曾着君臣父子夫妇的相"?(均见《传习录》)

所谓"无所着",只是顺良知上自然的道理行将去,不加些

第十二章 王阳明

子意思去矫揉造作。故又曰:"仁是造化生生不息之理。虽弥漫周遍,无处不是;然其流行发生,亦有个渐,所以生生不息……譬之木,其始抽芽,便是木之生意发端处……父子兄弟之爱,便是人心生意发端处,如木之抽芽。自此而仁民而爱物,便是发干、生枝、生叶。墨氏兼爱无差等,将自家父子兄弟与途人一般看,便自没了发端处。不抽芽,便知他无根,便不是生生不息,安得谓之仁?"墨氏兼爱所以不得谓之仁者,便因他是有意做出个兼爱,而不顺良知上自然的道理,便是"加些子意思在",便是"有所着"而不自然。儒家则不然。故"禽兽与草木同是爱的,把草木去养禽兽,心又忍得。人与禽兽同是爱的,宰禽兽以养亲与供祭祀,燕宾客,心又忍得。至亲与路人同爱的,如箪食豆羹,得则生,不得则死,不能两全,宁救至亲不救路人,心又忍得。这是道理合该如此"。这合该如此的道理,只是"良知上自然的条理"。(见《传习录》)顺着这良知上自然的道理做去,不加些子意思,则"轻重厚薄,随感随应,变动不居,而亦莫不有天然之中";这便是所谓"致良知"。能如此,则虽终日"有为",而吾心常如"无为",可以达到"动亦定,静亦定"的境界。此境界即是程明道《定性书》所说之"定"。

阳明《答伦彦式书》曰:"心,无动静者也。其静也者,以言其体也;其动也者,以言其用也。故君子之学,无间于动静。其静也,常觉,而未常无也,故常应。其动也,常定,而未尝有也,

175

故常寂。常应常寂,动静皆有事焉,是之谓集义。集义,故能无祗悔。所谓'动亦定,静亦定'也。心,静其体;而复求静根焉,是挠其体也。动,其用也,而惧其易动焉,是废其用也。故求静之心即动也,恶动之心非静也;是之谓动亦动,静亦动,将迎起伏,相寻无穷矣!故循理之谓静,从欲之谓动。欲也者,非必声色货利外诱也,有心之私皆欲也。故循理焉,虽酬酢万变皆静也;濂溪所谓主静,无欲之谓也,是谓集义者也。从欲焉,虽心斋坐忘亦动也;告子之强制,正助之谓也,是外义者也。"有意求静,有意恶动,即是"有所着",即是"有心之私",即此"有意"便是动而非静,便是欲;有此,则虽"心斋""坐忘"也是动,此正所谓"静亦动"了。告子的强制其心弗使动,也是有意,也是有所着,故是"揠苗助长"之类。必须静常觉而常应,动常定而常寂,则动亦定,静亦定,无间于动静,而背有事焉,勿忘勿助,然后可以谓之集义,然后可达到"动静合一"的境界。

阳明《朱子晚年定论序》曰:"守仁早岁业举,溺于词章之习。既乃稍知从事正学,而苦于众说之纷挠[①]疲瘵,茫无可入;因求诸老释,欣然有会于心,以为圣人之学在此矣。然于孔子之教,间相出入,而措之日用,往往缺漏无归。依违往返,且信且疑。其后谪官龙场,居夷处困;动心忍性之余,恍若有悟。体验

---

① 挠 底本作"扰",据《王文成公全书》(P.157)改。

第十三章 王阳明

探求，再更寒暑。证诸《五经》《四子》，沛然若决江河而放诸四海也……独于朱子之说，有相抵牾，恒疚于心。"阳明之说，确与朱子有相抵牾处。

阳明之学，可以"致良知"三字包括之。阳明以为《大学》的"致知"，即是"致良知"。故自四十三岁以后，即专提"致良知"以教学者，可谓简易直截。其与朱子相抵牾处，亦即在解释《大学》"格物致知"之不同。故《答顾东桥书》曰："朱子所谓致知格物云者，在即物而穷其理也。即物穷理，是就事事物物上求其所谓定理者也；是以吾心而求理于事事物物之中，析心与理而二矣……若鄙人所谓致知格物者，致吾心之良知于事事物物也。吾心之良知，即所谓天理也。致吾心良知之天理于事事物物，则事事物物皆得其理矣。致吾心之良知者，致知也；事事物物皆得其理者，格物也。①是合心与理而为一者也。"阳明又曰："在物为理，处物为义，在性为善，因所指而异其名，实皆吾之心也。心外无物，心外无事，心外无理，心外无义，心外无善。吾心之处事物，纯乎理而无人伪之杂，谓之善。非在事物有定所可求也。处物为义，是吾心之得其宜也；义非在外可袭而取也。格者，格此也。致者，致此也。必曰事事物物上求个至善，是离而二之也。伊川所云'才明彼，即晓此'是犹谓之二。性无彼此，理无彼此，

---

① 格物也 底本脱，据《王文成公全书》(P.56)补。

善无彼此也。"朱子不承认"心即理",故离"心"与"理"而二之,故主即物穷理,以致其知。阳明认为"心即理",此理即是吾心,不待外求,合"心"与"理"而一之,故主致吾心良知之理于事物,不必即事物以求理于吾心之外。故朱子之学为"理学",阳明之学,则是"心学"。唯其如此,故不以朱子之"即物穷理"为然。如《与夏敦①夫书》曰:"若世儒之外务讲求考索,而不知本诸心者,其亦可谓穷理乎?"又曰:"夫物理不外乎吾心。外吾心而求物理,无物理矣;遗物理而求吾心,吾心又何物耶?""夫万事万物之理,不外于吾心。而必曰穷天下之理,是殆以吾心之良知为未足,而必外求于天下之广,以裨补增益之,是犹析心与理而为二也。"又答蔡希渊问《大学》新本(按,即朱子所定之本),曰:"如新本,先去穷格事物之理,即茫茫荡荡都无着落处。"又曰:"文公格物之说,只是少头脑。如所谓'察之于念虑之微',此一句不该与'求之文字之中,验之事为之著,索之讲论之际',混作一例看,是无轻重也。"总之,朱、王两家之异,其出发点全在"心"与'理'是二是一的问题。"心"与"理"为二,故须"即物穷理",用力既久,然后能一旦豁然贯通。"心"即是"理",故不必外求,但须致吾心良知之理于万事万物。前者为外索的致知,其方法为归纳的;后者为内在的致

---

① 敦 底本作"敬",据《王文成公全书》(P.217)改。

知，其方法为演绎的。王学所以成为"心学"，在理学中为异军特起的新理学，以此。阳明在理学史上所以占与朱子同样重要的地位，亦以此。

阳明又作《朱子晚年定论》，说朱子晚年自悔其旧说之非，而自同于象山。其实，他所认为是朱子晚年定论者，未必真是朱子晚年的定论。这样强异以为同，颇不合学者的态度，故引起后来学者的不满。如罗钦顺的《困知记》，陈建的《学蔀通辨》，都曾说及。

第十四章

阳明后学

自南宋而元而明初,朱子之学几乎可以笼罩一切。陈白沙、王阳明出,始如异军突起,为理学辟一新纪元,其时朱派理学家无足与抗衡者。阳明勋业名位又高,故其弟子,几遍于中国。即《明儒学案》所录王门诸子,浙中则有徐爱、钱德洪、王畿……十八人,江右则有邹守益、罗洪先……二十七人,南中则有黄省曾、唐顺之……九人,楚中则有蒋信、冀元亨二人,北方则有穆孔晖、张后觉……七人,粤闽则有薛侃、周坦二人;其别立一学案者,又有李材的《止修学案》、王艮的《泰州学案》;真可说是极一时之盛。故明代中世以后的"理学",已完全是"王学"的世界。

徐爱,字曰仁,号横山,余姚人。于阳明为内兄弟。阳明出诏狱,南归,即北面受业称弟子,及门最早。登进士第,出知祁州,后升南京兵部员外郎,转工部郎中,与阳明朝夕不离。卒,年仅三十一。阳明在赣州,闻讣,哭之恸,尝曰:"曰仁,吾之颜渊也。"《传习录》初卷为其所记。阳明在南中讲学时,大抵以收敛为主,以默坐澄心为目的。故《传习录》初卷中,尚少"致良知"之说。但亦有一条曰:"知是心之本体。心自然会知。见父自然知孝,见兄自然知弟,见孺子入井自然知恻隐。此便是良知。使此心之良知充塞流行,便是致其知。"故专提"致良知"以教人,虽在江右以后,然南中讲学时,已有此语了。故黄梨洲曰:"阳明之学,惟先生为得其真。"著有《横山文集》。

钱德洪,字洪甫,号绪山,余姚人。阳明自平宸濠归,往受业。时来学者益多,阳明命绪山与王龙溪先授大旨。及阳明起征思田,绪山与龙溪居守越中书院。阳明卒于南安军次,迎丧至贵溪。及返,筑室墓旁,以终三年之心丧。登进士第,累官至刑部员外郎。因谳郭勋狱,忤上,下诏狱。及郭勋死,始得出。后以朝列大夫致仕。在野三十年,几无日不讲学。各省皆有讲舍,与王龙溪迭为主讲。卒,年七十九。著有《绪山全集》。

王门弟子中,绪山、龙溪并称。黄梨洲均列之《浙中王门学案》。其评二人有曰:"龙溪谓寂者心之本体,寂以照[1]为用,守其空知而遗世,是乖[2]其用也。绪山谓未发竟从何处觅,离已发而

---

[1] 照 底本作"世",据《明儒学案》(P.225)改。
[2] 乖 底本作"求",据《明儒学案》(P.225)改。

求未发，必不可得。是两先生之良知，俱以现在知觉而言，于圣贤凝聚处尽与扫除；在师门之旨不能无毫厘之差。龙溪从现在悟其变动不居之体，绪山只于事物上实心磨炼；故绪山之彻悟不如龙溪，龙溪之修持不如绪山。乃龙溪竟入于禅，而绪山不失儒者之矩矱，何也？龙溪悬崖撒手，非师门宗旨所可系[①]缚；绪山则把缆放船，虽无大得，亦无大失耳。"

阳明尝曰："谨独即是致良知。"故黄梨洲以邹东廓之戒惧，罗念庵之主静，为阳明之正传。邹、罗均列入《江右王门学案》。

邹守益，字谦之，号东廓，江西安福人。登进士第，授翰林编修。丁忧归。宸濠反，阳明起兵讨之，东廓与焉。后起用，以议大礼，忤旨，下诏狱，谪判广德。后擢南京主客郎中，累官南京国子祭酒。会九庙灾，大臣多惟恐引罪。东廓上疏，独以君臣交儆为言，遂以忤旨落职。卒，年七十二。追谥文庄。初见阳明时，求其为父墓表，初无意从学。及闻其谈学，乃称弟子。自谪广德归，至越见阳明。阳明叹其不以迁谪为意。东廓曰："一官应迹优人，随遇为故事耳。"阳明默然良久曰："《书》称'允恭克让'。谦之信恭让矣，自省允克何如？"乃欿然自悟其不免玩世。著有《东廓遗集》。

东廓之学得力于"敬"。尝曰："敬也者，良知之精明而不杂

[①] 系　底本作"束"，据《明儒学案》（P.225）改。

以尘俗者也。吾性体行于日用伦物之中，不分动静，不舍昼夜，无有停机①。流行之合宜处谓之善。其障蔽②而壅塞处，谓之不善。盖一忘戒惧，则障蔽而壅塞矣。但令无往③非戒惧之流行，即是性体之流行矣。离却戒慎恐惧，无从觅性；离却性，亦无从觅日用伦物也。"东廓初见阳明时，开讲学，悟曰："往者疑程、朱补《大学》，先格物穷理，而《中庸》首慎独，两不相蒙。今释然④，格致之即慎独也。"他从此悟入，故生平讲学，以慎独为旨。

罗洪先，字达夫，号念庵，吉水人。登进士第一，授翰林修撰。丁父母丧。服阕，召为左赞善。忤旨，黜为民。严嵩相，欲起用之，辞。卒年六十一，追谥文恭。有《念庵集》。幼闻阳明讲学，以道远不能往；及《传习录》出，读之几忘寝食。然仍未及门亲炙，私淑而已。其学始致力于践履，中归拟于寂静，晚彻悟于仁体。钱绪山叹为非徒得其门，已升堂入室。尝谓濂溪"无欲故静"之旨为圣学的传。生平辞受取与极严。于龙溪等会讲城市，谓系借开来之说，责后车传食之报，常痛规之云。

阳明及门弟子，横山早卒，东廓谨饬，其讲学久，门徒盛者，当推王龙溪与王心斋，《明儒学案》列龙溪于《浙中王门学案》，而心斋则别为《泰州学案》。且为之序曰："阳明先生之学，

---

① 机　　底本作"滞"，据《明儒学案》(P.332)改。
② 蔽　　底本作"碍"，据《明儒学案》(P.332)改。
③ 令无往　底本作"今无德"，据《明儒学案》(P.332)改。
④ 释然　　底本作"始知"，据《明儒学案》(P.331)改。

有泰州、龙溪而风行天下，亦因泰州、龙溪而渐失其传。泰州、龙溪时时不满其师说，益启瞿昙之秘而归之师，盖跻阳明而为禅矣。"

王畿，字汝中，号龙溪，浙之山阴人。弱冠，举于乡。会试下第归，受业于阳明。会试中式，不廷试而归。时阳明门人益众，辄先使见龙溪与钱绪山。及阳明起征思田，道卒南安，龙溪与绪山往奔丧。后廷对，授郎中。为时相夏言所恶，未几，致仕。在野四十余年，无日不讲学。自两都及吴楚闽浙诸地，皆有其讲舍，莫不以龙溪为宗盟。卒，年八十六。有《龙溪全集》。

《龙溪全集》中有一篇《天泉证道记》，说阳明教人，每提四句云："无善无恶心之体，有善有恶意之动，知善知恶是良知，为善去恶是格物。"这就是所谓"四句教"。记中说钱绪山以为是定本，不可移易；龙溪则以为是权法。他认为体用显微只是一机，心意知物只是一事。若悟得心是无善无恶之心，则意即是无善无恶之意，知即是无善无恶之知，物即是无善无恶之物。因相与质之阳明。阳明曰："吾教法原有此两种：'四无'之说，为上根人立教；'四有'之说，为中根以下人立教。上根者，即本体是工夫，顿悟之学也；中根以下者，须用为善去恶工夫，以渐复其本体也。"自此印证，龙溪之说遂归于"四无"。于是以为"心是无心之心，意是无意之意，知是无知之知，物是无物之物"。如此，则"恶固本无，善亦不可得而有也"。所谓"证道"，就是"四无"

之说，曾与钱绪山质证于阳明的。

按："四句教"是王门中一段公案。据《天泉证道记》所说，则钱绪山只承认"四句教"为阳明教人的正法是不能移易的；王龙溪则以为"四句教"不过是阳明教人的权法，"四无"方是正法。质之阳明，果然有两种教法："四无"是教上根人的；"四有"是教中根以下人的。仿佛佛家有"顿悟""渐修"二法。龙溪于此，俨然以上根人自居，把绪山归入中根以下一等去了。

邹东廓有一篇《青原赠处记》，也记这件事，可是和《天泉证道记》所记不同。《青原赠处记》说："阳明赴两广。钱、王二子各言所学。绪山曰：'至善无恶者心，有善有恶者意，知善知恶是良知，为善去恶是格物。'龙溪曰：'心无善而无恶，意无善而无恶，知无善而无恶，物无善而无恶。'阳明笑曰：'洪甫须识汝中本体；汝中须识洪甫工夫。'"

二文同记一事，却不同如此。所以为上根人立教，为中根人以下立教云云，我颇疑是龙溪的矜夸之辞。《明儒学案·江右王门学案》中邹东廓事略之后，亦引此文。黄梨洲曰："蕺山先师尝疑阳明天泉之言与平时不同。平时每言'至善是心之本体'。又曰：'至善只是尽乎天理之极，而无一毫人欲之私。'又曰：'良知即天理。'录中言'天理'二字，不一而足。有时说'无善无恶者理之静'，亦未尝径说'无善无恶是心体'。今观先生（指东廓）所记，而四有之论，仍是以至善无恶为心；且四有四句，亦是绪山之言，非阳明立以为教法也。今据天泉所记，以无善无恶议阳明者，盍亦有考于先生之记乎？"把这两篇文章比较，确使人不得不致疑于龙溪。

黄梨洲于王龙溪事略末引《天泉证道记》后，加以评论曰："以四有论之：唯善是心所固有，故意知物之善从中而发，恶从外而来。若心体既无善恶，则意知物之恶固妄也，善亦妄也。工夫既妄，安得谓之复还本体？斯言也，于阳明平日之言，无所考见，独先生言之耳。然先生他日答吴悟斋云：'至善无恶者，心之体也；有善有恶者，意之动也；知善知恶者，良知也；为善去恶者，格物也。'此其说已不能归一矣。以四无论之：《大学》正心之功从诚意入手。今曰从心上立根，是可以无事乎意矣。而意上立根者，为中下人而设，将《大学》有此两样工夫欤？抑止①为中下人立教乎？先生谓良知原是无中生有，即是未发之中，此知之前更无未发；即是中节之和，此知之后更无已发。自能收敛，不须更主于收敛；自能发散，不须更期于发散。当下现成，不假工夫修整②而后得。致良知为未悟者设。信得良知过③时，独往独来，如珠之走盘，不待拘管，而自不过其则也。故以笃信谨守一切矜名饰行之事，皆是犯手做作。唐荆川谓先生笃于自信，不为行迹之

---

① 止　底本作"衹"，据《明儒学案》（P.238）改。
② 整　底本作"证"，据《明儒学案》（P.238）改。
③ 良知过　底本作"过良知"，据《明儒学案》（P.238）改。

防，包荒为大，无净秽之择。故世之议先生者，不一而足。"对于龙溪之以四无为旨，也是深致不满的。

《明儒学案》卷前所录《师说》亦曰："愚按：四句教法，考之阳明集中，并不经见，其说乃出于龙溪，则阳明未定之见，平日间尝有是言，而未敢笔之于书，以滋学者之惑。至龙溪先生始云，'四有之说，猥犯支离'，势必进之四无而后快。既无善恶，又何有心意知物？终必进之无心无意无知无物而后元[①]。如此，则'致良知'三字着在何处？先生独悟其所谓无者，以为教外之别传，而实亦并无是'无'。有无不立，善恶双泯，任一点虚灵知觉之气纵横自在，头头明显，不离着于一处，几何而不蹈佛氏之坑堑也哉？"这也是说龙溪把阳明之学引入禅学去。此在龙溪亦并不讳言。如《答南明汪子问》曰："惠能曰：'不思善，不思恶，却又不断百思想'。此上乘之学，不二法门也。"《趋庭漫语》曰："一念明定，便是缉熙之学。一念者，无念也，即念而离念也。故君子之学，以无念为宗。"皆明引佛家之语。《新安斗山书院会语》曰："人之有生死轮回，念与识为之祟也。念有往来；念者二心之用，或之善，或之恶，往来不常，便是轮回种子。识有分别；识者发智之神，倏而起，倏而灭，起灭不停，便是生死根因。此是古今之通理，亦便是现在之实事。儒者以为异端之学，讳而不言，

[①] 元　底本作"玄"，据《明儒学案》（P.8）改。

亦见其惑也已。夫念根于心；至人无心则无念，自无轮回。识变为知；至人无知则识空，自无生死。"这简直是佛家脱离生死轮回之说了。故在龙溪眼中，儒、佛、老之学，根本是没有差异的。《三教堂记》曰："三教之说，其来尚矣。老氏曰虚，圣人之学亦曰虚；佛氏曰寂，圣人之学亦曰寂；孰从而辨之？世之儒者不揣其本，类以二氏为异端，亦未为通论也。"这种见解，和宋明理学家截然不同。

王艮，字汝止，号心斋，泰州人。少时，因贫不能竟学，从父商于山东。乃自攻苦，颇有所悟。闻王阳明在江西讲良知之学，南下进见，至则拱立中门。阳明出迎，始入。据上坐，辩难良久，叹曰："简易直截，艮不及也。"乃下拜，称弟子。退而思之，觉有未合。明日入见，告阳明曰："艮太轻易矣。"阳明曰："善哉，子之不轻信从也。"乃复据上坐，又辩难久之。始大服，遂为弟子。阳明尝谓门人曰："向者吾擒宸濠，一无所动；今却为斯人动矣。"阳明归越，从之。来学者多从心斋指授云。归家，乃服五常冠，深衣大带，持笏板，乘蒲轮车，招摇入都。都人以怪目之。后又至会稽。阳明以其意气太高，形迹太奇，痛加裁抑。心斋至，三日不得见。阳明送客至门，心斋长跪道旁曰："艮知过矣。"阳明不顾而入。心斋随入，方为师弟如初。阳明卒于南安师次。心斋迎丧于桐庐，经纪其家而返。归而讲学，远近皆至。卒，年五十八。有《王心斋遗集》。

第十四章 阳明后学

心斋之说，最著的是他对于"格物"之解释，世称"淮南格物说"。其说以为"格如^①格式之格，即后絜矩之谓。吾身是个矩，天下国家是个方。絜矩，则知方之不正，犹矩之不正也。是以只去正矩，却不在方上求。矩正则方正矣；方正则格成矣"。又说"格物之物，即物有本末之物。身与家国天下，一物也。知身之为本，而家国天下之为末，行有不得者，皆反求诸己，反己是格物底工夫。故欲齐、治、平，在于安身。《易》曰：'身安而天下国家可保也。'身未安，本不立也。知安身者，则必爱身、敬身。爱身、敬身者，必不敢不爱人不敬人。能爱人敬人，则亦爱我敬我而身安矣。一家爱我敬我则家齐，一国爱我敬我则国治，天下爱我敬我则天下平。故人不爱我，非特人之不仁，己之不仁可知矣。人不敬我，非特人之不敬，己之不敬可知矣。"此即淮南格物说的大概。刘蕺山认为"后儒格物之说，当以淮南为正"。但所谓安其身者，亦只是安其心。不得已而杀身成仁者，是但求安其心。心斋乃谓"安其身而安其心者为上，不安其身而安其心者次之，不安其身又不安其心者为下"，且以"缗蛮黄鸟，止于丘隅"为安身法，无乃开一临难苟免之隙。又以九二见龙为正位，谓孔子修身讲学以见于世，实未尝一日隐。于遁世不见知而不悔之学，终隔一尘云云。批评可云确当。心斋又尝作《王道论》，

---

① 如 底本作"物"，据《明儒学案》（P.712）改。

根据《周礼》，以为太平之治可以实现。故心斋与龙溪同为王门高第弟子，惟龙溪确是引"心学"以入于禅学的，心斋较龙溪则似切实多了。

黄梨洲所以把龙溪、心斋相提并论，说他们跻阳明于禅，亦自有说。他说："龙溪之后，力量无过于龙溪者，又得江右为之救正，故不至十分决裂。泰州之后，其人多能以赤手搏龙蛇；传至颜山农、何心隐一派，遂非复名教之所能羁络矣。"可见跻阳明于禅者，在泰州一派，并不是心斋本人，而是他的后学。

泰州一派，如赵贞吉大洲、焦竑弱侯诸人，已不讳言禅。至颜钧山农、梁汝元何心隐（梁汝元后改姓名为何心隐）、李贽卓吾，则直是狂禅了（按《明儒学案》赵大洲、焦弱侯均入《泰州学案》，颜山农、何心隐亦于序中提及。唐鉴《清学案小识》则云，"泰州之学，一传而为颜山农，再传而为赵大洲；龙溪之学，一传而为何心隐，再传而为李卓吾"）。黄梨洲曰："朱子云'佛学至禅学而大坏'。盖至于今，禅学至棒喝而又大坏，棒喝因付嘱[①]源流而又大坏。就禅教中分之为两，曰'如来禅'，曰'祖师禅'。如来禅者，先儒所谓语上而遗下，弥近理而大乱真者是也。祖师禅者，纵横捭阖，纯以机法[②]小慧牢笼出没其间，不啻远理而失真矣。今之为释氏者，中分天下之人，非祖师禅勿贵，递相嘱付；

---

① 嘱　底本作"属"，据《明儒学案》（P.748）改。
② 法　底本作"巧"，据《明儒学案》（P.748）改。

聚群不逞之徒，教之以机械变诈，皇皇求利，其害岂止于洪水猛兽哉？故吾见今之学禅而有得者，求一朴实自好之士而无有，假使达摩复来，必当折棒噤口，涂抹源流①，而后佛道可兴。先生（指赵大洲。赵尝曰'禅不足以害人'云云）所谓不足以害人者，亦从弥近理而大乱真者言之。古来如大年、东坡、无垢、了翁一辈，皆出于此。若其远理而失真者，则断断无一好人也。"（见《泰州学案》赵大洲条）这是说禅学的末流之弊。王学的末流，折而入于禅，更折而入于所谓祖师禅，直是以机法小慧尽其纵横捭阖之能事，已跳出理学范围之外了。

---

① 源流 底本作"本源"，据《明儒学案》（P.748）改。

第十五章

明清之际的理学

明代的理学,初以朱子为宗,自陈白沙出而一变,王阳明出而再变,于是陆王心学遂达于全盛时代。王学自王龙溪而一变,自王心斋的后学而再变,于是王学遂流为狂禅。此流于狂禅之心学,溯其渊源,实滥觞于象山。象山之学,主"先立乎其大者",简易直截,故以朱子之即物穷理为支离。朱子遍注群经,象山则谓"六经皆我注脚",又尝质问朱子曰:"尧舜所读何书?"故明代心学末流之弊,大有"何必读书,然后为学"之概。自南宋以"四书文"取士,至明孝宗时变本加厉而定为"八股文"。所谓读书人本不必有实学。于是"束书不观,游谈无根"遂成一种学风。而当时所谓堕入祖师禅的学者们,又喜聚徒讲学,空谈心性,自命圣贤,而于出处取与之间,不知检点,不问生平践履如何,只须一旦顿悟,便可放下屠刀,立地成佛。那时内则严嵩、魏忠贤辈权臣逆阉相继专政,而四海困穷,已呈经济总崩溃之局;外则满洲崛起关外，虎视眈眈。及李自成、张献忠流寇燎原，而明卒以亡。满（清）军入关，又成一异族入主之局。当此危急存亡之秋，而学者仍高谈心性，恣为狂禅，视国家民族之危急如不睹。虽东林诸子尝大声疾呼，而终无以挽此颓风。故如顾亭林等抱亡国之恨者，对于此种学风，尤为痛心。王学末流之弊如此，学风自不能不转换方向了。

明末理学大儒，当推刘蕺山。他是黄梨洲的老师，故梨洲《明儒学案》即以《蕺山学案》为殿。

刘宗周，字起东，号念台，学者称蕺山先生，浙江山阴人。登进士第，授行人。上疏言东林多君子，不宜弹射。请告归。起为礼部主事，劾魏忠贤及客氏。寻告病回籍。屡征，屡避。诏责其矫情厌世，革职为民。崇祯时，又起为顺天府尹。上疏直言。帝以为迂阔，请告归。寻又召对。以上疏忤温体仁，革职为民。又起为吏部左侍郎。寻以请罢诏狱，即言官有罪，当付法司，忤旨，又革职而归。及福王立于南京，起复原官。疏劾马士英、高杰等，并请决策亲征，进驻凤阳，及谏起用阮大铖，又放归。高杰等且遣人刺之。及浙江降清，乃绝食二十日而卒，年六十八。有《刘蕺山遗书》。

蕺山之学，以"慎独"为宗。《大学》言诚意工夫，归之"慎独"。《中庸》所谓"戒慎乎其所不睹，恐惧乎其所不闻"，也是慎独。戒慎恐惧的反面，便是"无忌惮"。蕺山尝曰："小人无忌悼,便结果一生。至《大学》只言'闲居为不善'。闲居时有何不善可为?只一种懒散精神,漫无着落处,便是万恶渊薮,正是小人无忌惮处,可畏哉!"他认为慎独可以包括许多修养工夫,尝曰:"无事,此慎独即是存[①]养之要;有事,此慎独即是省察之功。独外无理,穷此之谓穷理,而读书以体验之;独外无身,修此即是修身,而言行以践履之。其实一事而已。知乎此者,谓之复性之学。""慎独"和"敬"极相似,而有不同。故又曰:"伊洛拈出敬字,本从《中庸》戒慎恐惧来。然敬字只是死工夫,不若《中庸》说得有着落。以戒慎属不睹,以恐惧属不闻,总只为这些子讨消息,胸中实无个敬字也。故主静立极之说,最为无弊。"主静立极之说,出于周濂溪。主静立极即慎独也。李侗所谓"看喜怒哀乐未发前气象",即是要得独中真消息,即中以求独体,而和亦在其中。蕺山认为这是慎独之真方便法门。

蕺山论朱、王异同说:"朱子云'人心之灵莫不有知',即所谓良知也。但朱子则欲自此而一一致之于外,阳明则欲自此而一一致之于中。不是知处异,乃是致处异。"又批评朱、陆、王三家说:"朱子惑于禅而辟禅,故其失也支。陆子出入于禅而避禅,故其失也粗。文成似禅而非禅,不妨用禅,故其失也玄。"他认为三家各有所长,各有所短,这类话举不胜举。可见他并不泥于任

[①] 存 底本作"修",据《明儒学案》(P.1560)改。

何一家，颇欲于三家之外独树一帜了。他又尝对祝渊说："人生末后一着，极是要紧。尽有平日高谈性命，临歧往往失之。其受病有二：一是伪学，饰名欺世，原无必为圣贤之志，利害当前，全体尽露；又有一种是禅学，禅家以无善恶为宗旨，凡纲常名教忠孝节义，都属善一边，指为事障理障，一切扫除而归之空。故惑世害道，莫甚于禅。"明末学者通病，正是这两种。蕺山决计绝食殉国时，有许多人劝他，他毅然决然，不食二十日而死，可谓能不放松末后最要紧的一着。

黄宗羲，字太冲，号梨洲，学者称南雷先生，余姚人。其父黄尊素为魏忠贤所陷，死诏狱。及思宗即位，乃草疏，携铁锥，入京，为父讼冤。至，忠贤已死。有诏，凡死于逆阉者，得赠官荫一子，乃诣阙谢恩。疏请诛阉党曹钦程及李实。旨令刑部究问。及会讯阉党许显纯、崔应元时，出庭对簿，即以铁锥击许显纯，后二人皆论斩。钦程已定案。而李实辨原疏实不出其手，乃逆阉取其盖印空本填写，故墨在硃印上。又令人阴赠梨洲三千金，求勿与质。梨洲即奏告其行贿，对簿时亦以铁锥击之。父冤既白，乃返里读书。从刘蕺山游。初阉党阮大铖在南京，觊觎复用。南京太学生作《留都防乱》揭攻之。署名者东林子弟由顾杲、缙绅由周镳、被阉难子弟由梨洲三人领衔。大铖衔之。及福王立，大铖复起，遂按揭中署名者百四十人，欲尽杀之。而梨洲适赴南京上书言国事，几及于难。捕帖未出，而清兵至，乃踉跄返浙。时蕺山已殉国矣。鲁王立于浙东，梨洲率故乡子弟数百人，随军江上，人称"世忠营"。鲁王命为监察御史，兼职方司。作监国鲁元年大统历，颁行浙东。尝随军渡江经略浙西，直至乍浦。及江上师溃，走入四明，集残兵结山寨。而微服出访鲁王于海上，晋左副都御史。既而清兵入海围健跳。梨洲失援兵，而其母尚留故里。闻清兵将录明遗臣家口，乃变姓名而归。后又奉鲁王命，赴日本乞师。不成，复归甬上。清捕之急，逃伏草莽间，始免。及海上削平，清廷缉捕稍弛。始奉母返里，复举蕺山证人书院之会，而讲学焉。清修《明史》，诏征，不出。乃命浙江巡抚就其家钞所著书之有关《明史》者，并延其子百家、弟子万斯同参订史事。卒，年八十六。遗命不棺而葬。私谥文孝。著述甚富，辑为《梨洲遗书》。

梨洲之学，出于蕺山，故亦以慎独为宗，实践为主，不空谈心性，堕入禅门。尝曰："今人讲学，袭语录之糟粕，不以六经为根柢，束书不读，但从事于游谈。学者必先穷经，经术所以经世，乃不为迂儒。"又曰："读书不多，无以证斯理之变；读书多而不求于心，则又为伪儒矣。"其教学者，说经则宗汉儒，立身则宗朱学。盖已由明末之学风转换方向，不但倾向朱子，而且倾向汉学了。故江藩的《汉学师承记》已录及之，而唐鉴的《学案小识》亦录之于经学之首。

顾炎武，初名绛，字宁人，尝读书于松江亭林镇，故学者称

第十五章 明清之际的理学

亭林先生，江苏昆山人。父曰同应。同应之从弟同吉早卒，其聘妻王氏，未婚守志，乃以亭林为之后。王氏养亭林于襁褓，尝旌于朝。明亡，不食死，遗命戒亭林勿仕清。亭林与同里归庄善，时有"归奇顾怪"之目。及是，二人共起兵。事败，脱走。葬母毕，欲走海上随鲁王，道梗，不果。为人所告，捕之急，乃变姓名为蒋山佣，侨居神烈山下。又为人所告，甚急。有为求救于钱谦益者。钱欲亭林自称门下，乃救之。其人乃私书一刺与之。亭林知之，列揭通衢，自白。钱笑曰："宁人何卞急乃尔？"遂北行。其后遍游南北，累谒孝陵、思陵。游踪西北至榆林、大同，东南至会稽。以二骡二马载书自随，每遇要隘，辄呼老兵询之。与平日所闻不合，即发书检勘而详记之。后始卜居华阴。尝曰："遍观四方，惟秦人慕经学，重处士，持清议，而华阴绾毂关[①]河之口，虽足不出户而能见天下之人，闻天下之事。一旦有警，入山守险，不十里之遥；若志在四方，一出关门，亦有建瓴之势。"乃置田宅定居。清廷开明史馆，鸿博科，要人累欲荐征，屡以死辞。卒于华阴，年六十九。门人奉丧归葬于昆山。著述甚富，弟子潘耒辑而序之。

　　亭林论学，以"博学于文""行己有耻"为宗旨。盖惩明末学者空谈心性，束书不观，浮夸妄诞，行止不检，故救之以"博学"

[①] 关　底本作"山"，据《国朝汉字师承记》（P.130）改。

与"知耻"。其于阳明《朱子晚年定论》辨之尤力。尝曰:"朱子有朱子之定论,象山有象山之定论,不可强同。专务虚静,完养精神,此象山之定论也。主张涵养以立其本,读书穷理以致其知,身体力行以践其实,三者交修并尽,此朱子之定论也。乃或专言涵养,或专言穷理,或止言力行,则朱子因人之教,因病之药[①]也。今乃指专言涵养者为定论,以附合于象山,其诬朱子甚矣。"盖已公然反对王学而复宗朱学了。

梨洲、亭林为明末清初东南二大儒,在学术界同居领袖的地位。但其为学,则不甚同。梨洲《明儒学案》虽于龙溪、心斋不无微辞,对于白沙、阳明则仍极推崇;亭林则于阳明亦时致不满,直宗朱子了。梨洲所长,实在史学;亭林所长,则在经学。但其为王学末流之转变的枢纽相同。

同时,北方亦有二大儒,曰孙夏峰,曰李二曲,都以理学著名。

孙奇逢,字启泰,号钟元,容城人,学者称夏峰先生。明举人。居丧庐墓,以孝旌。左光斗等为魏忠贤所陷,下诏狱。时夏峰之友鹿善继在孙承宗军中赞戎事,乃上书孙承宗,请救。孙疏请入朝,忠贤惧,绕御床而泣,卒下诏止之。时诬左光斗等以巨赃,以严刑追缴。夏峰倡议募捐,输者踊跃。而缴纳未半,左

[①] 药　底本作"学",据《清儒学案》(P.302)改。

等已死狱中。夏峰又为料理丧事,归葬故里。义声动一时。后流寇围容城,率里人坚守。而李自成已席卷秦、晋,势不可遏,乃移家易州之五公山中。依之者数百家。土贼相戒勿犯。明亡,隐于苏门百泉山夏峰,筑室曰兼山,躬耕讲学。屡征不出。卒,年九十二。著有《理学宗传》等书。

夏峰之学,于忧患中默识心性本原。尝曰:"喜怒哀乐中,视听言动必合于礼,子臣弟友尽分。此终身行不尽者。世之学者,不务躬行,惟腾口说,徒增藩篱,于道何补?"盖亦不满于明末的学风。其著《理学宗传》,以周、程、张、邵、朱、陆、薛、王、罗、顾十一子为正宗,汉董仲舒以下,至明末谨守绳墨者次之,杨慈湖等议论出入儒佛者又次之。盖病世之辨朱、陆异同者为不知反本,欲泯理学门户之见。所以他对于理学诸儒的见解,和梨洲相近,和亭林不同。

李中孚,盩厔人,家居二曲之间,故人称二曲先生。其父曰可从,从军击李自成,战死襄城。二曲年十六而孤。家贫,借书以读,博览经史;后又弃而研究理学。及母殁,乃往襄城求父骨,不得。时常州知府骆钟麟师事二曲,自襄城迎至道南书院主讲。继又讲学江阴、靖江、宜兴等地。清康熙时,以隐逸真儒征,大吏敦迫。二曲绝粒六日,引刀自刺,始免。晚迁富平,隐居终老。著有《四书反身录》等书。

二曲之学,以悔过自新为始基,以静坐观心为入手。谓必静坐乃能知过，知过乃能自悔，悔过乃能改过，此即颜子不远复之功。盖其学在反身，道在守约，功在悔过自新，处世以躬行实践为重。故答人问入门下手之要，则曰："我这里论学，却不欲人闲讲泛论，只要各人自觅受病之所在，知有某病，即自医某病，即此便是入门，便是下手。"又曰："六经皆我注脚，为象山之失；满街都是圣人，为阳明之失。"则对陆王心学亦有所不满。但其门人所记，又有"象山、阳明之书为斯道大原，程、朱诸①录及康斋、敬轩等集，可以尽下学之功"等语，则似于陆、王之学，也并不反对。其《授受记要》有曰："重实行，不重见闻；重人品，不重材艺。"又答人问格物曰："格物穷理，贵有补于修齐治平；否则夸多斗富，徒雄见闻……是名玩物丧志，愈甚去道愈远。"可见他是注重躬行实践的，与明末空虚夸大的学风，恰好相反。

梨洲、亭林、夏峰、二曲，都是清初大名鼎鼎的遗老大儒，其行谊都足钦佩。还有一位王船山先生，艰苦过于四人，而当时却没有享那么大的盛名。

王夫之，字而农，号姜斋，学者称船山先生，湖南衡阳人。明举人。张献忠陷衡州，执其父以胁之。船山与其弟介之百计营救，始得脱。明亡时，奔走湘桂，赴国难，濒危者屡。入清，筑土室于湘西之石船山，曰观生居。以藜藿为餐，不接外人。隐居

---

① 诸　底本作"语"，据《清儒学案》（P.1115）改。

第十五章　明清之际的理学

以终。著述甚多，辑为《船山遗书》。

船山之学，以汉学为门户，宋五子为堂奥，而以朱子为宗。其所著《大学衍》《中庸衍》，直斥阳明，力崇朱子，至为明著。如曰："以格物为始教，而为至善之全体，非朱子之言也，经之意也。"这是说朱子移格物致知于诚意之前，合于经意。又曰："有儒之驳者起焉。有志于圣人之道，而惮至善之难至也；且知天下之惮其难者之众，吾与之先难而不能从，则无以遂其好为人师之私欲，以收显名与厚实也。于是取《大学》之教，疾趋以附二氏之途。以其恍惚空明之见，名之曰此明德也，此良知也，此致良知而明明德也。体用一，知行合，善恶泯，介然有觉，颓然任之，而德明于天下矣。乃罗织朱子之过，而以穷理格物为其大罪。天下之畏难苟安，无所忌惮，以希冀不劳而坐致圣贤者[①]，翕然起而从之。"这是直斥阳明致良知之说了。但他以为"始为是说者，修身制行之间犹不远于君子"，而其早岁尝用力于讲习讨论之学。所蓄犹存，可以给其终身之用，则对于阳明本身，尚有恕辞；而"为之徒者，无其学问之积，而早叛其规矩，天理无存，介然之觉复不可恃"，故遂"疾趋于淫邪而不可救"了。其《中庸衍》亦说"姚江王氏始以其所得于佛老者，攀是篇以为证据"，"迨其徒二王、钱、罗之流，恬不知耻，窃佛老之土苴以相附会，则害愈烈，

[①] 底本脱"难苟"二字。"无所忌惮"倒入"不劳"下，据《清儒学案》（P.373）改。

人心之坏，世道之否，莫不由之"。其攻王尊朱，旗帜更为显明。故《学案小识》列之《翼道学案》中。

上述六人，是明末的大儒。蕺山、夏峰、二曲，专以理学著；梨洲兼长史学，船山兼长经学；亭林尝谓"舍经无理学"，故即以经学为理学，所长实在经学，为清代复兴的经学之开祖。蕺山、梨洲都推崇阳明，故其学仍从王学转手。夏峰辑《理学宗传》，兼宗程、朱、陆、王。二曲于陆、王虽不无微辞，但尚依违其间。反对王学最力的，是亭林和船山。梨洲、亭林都有经世之志，梨洲著《明夷待访录》，似乎以箕子自居，待所谓武王者来访。虽其中如《原君》诸篇，在当时确是一种前进的思想，但未免有以周室视清廷之嫌，而其遣弟子万斯同及子百家参修《明史》，亦未免予人以批评。亭林也自命为有王者起，必来取法，但他所望来取法的王者，却并不暗指清廷。这是六人的不同处。但他们对于王学末流之弊，都是不满的，其大节都是凛然的。这又是六人的相同处。

张履祥，字考父，号念芝，桐乡人，居杨园村，学者称杨园先生。幼孤贫，受母教。长从刘蕺山学。明亡，隐里中，躬耕教授。尝谓学者舍稼穑别无治生之道。能稼穑，则无求于人，而廉耻立；知稼穑之艰难，则不敢妄取于人，而礼让兴。廉耻立，礼让兴，而世道可以复古。故著《补农书》。平居，虽盛暑，方巾深衣，端拱如泥塑。或舟行百里，坐不少欹。与人和易，故人王迈人既显，来谒，亦不峻拒，唯相对默坐，使自愧而已。卒，年六十四。因先世厝棺毁于盗，终身以粗麻为袒衣；将卒，遗命以衰敛。著有《杨园全集》。

杨园亦深疾当世讲学者之不务己而徒骋口说。故于来学者，皆以友道处之，以矫好为人师之非。其学主穷理居敬，知行并进，内外夹持。尝谓"实其心之谓诚，不敢不实其心之谓敬，无在而不实其心之谓一"。又谓"读书学问，立身行己，俱不可不苦吃苦挣"。又谓"可言而不可行，君子弗言；可行而不可言，君子弗行"，"道理须是举目可见，举足可行，方是实理；功夫须是当下便做得，方是实功"，都是非常切实的话。对于王学，也持反对的态度。如曰："昔之异端，在正道之外；今之异端，在正道之中……今之为邪说者，莫不假托圣人之言，以文其说……约而言之，盖有数端：曰'知行合一'，曰'朝闻夕死'，曰'殊途同归'，曰'体用有无'，曰'权以济经'，曰'大德不逾，小德出入'，曰'未发之①中'，曰'求其放心'，曰'孔颜之乐'，曰'尽心知性'，曰'寂然不动，退藏于密'。若此者，探本穷源，不出于释老②，则出于功利，否则调停两可，执中无权而已。学术不明，祸乱肆③起，率以此也。"则直以阳明之学为异端邪说了。戢

---

① 之 底本作"发"，据《杨园先生全集》（P.779）改。
② 老 底本作"氏"，据《杨园先生全集》（P.779）改。
③ 肆 底本作"四"，据《杨园先生全集》（P.779）改。

山于阳明，虽以为瑕瑜不相掩，然未尝不敬之。梨洲为蕺山高弟，而《明儒学案》谓"作圣之功，至白沙而始明，至文成而始大"。杨园则对于阳明，指斥不遗余力。其于师友，不肯苟同如此。

陆世仪，字道威，号桴亭，太仓人。明季诸生，亦尝师事刘蕺山。明亡，隐居不仕。历主东林、毗陵诸书院讲席，从学者颇众。著有《思辨录》等书。

桴亭之学，谨守程、朱，以居敬穷理为旨。尝谓"居敬是主宰，穷理是进步处"。又谓"致知工夫，只'心为严师，随事精察'八个字。'心为严师'即居敬，'随事精察'即穷理"。要以身体力行为主，不尚空知空论。其评王学，虽不如张杨园之痛斥，亦持反对态度。如曰："无善无恶之说，极易流弊。得其说者，愚不肖之人便入告子一边，贤知之人便入阳明一边……与告子较，只是过犹不及。"又曰："嘉隆以后，谬学流传，即乳臭狂童，兔园野叟，一拾唾余，便说性谈天，直出尧、舜、周、孔之上。世道之变，未知所底。"这是斥明末讲学者的；但所谓"谬学"正指王龙溪辈所传的王学。

陆陇其，字稼书，平湖人。清初登进士第，官嘉定知县，以锄豪强、抑胥吏、禁奢汰、变风俗为主。二年，邑大治。以盗案落职。后以魏象枢力，复原官，补灵寿知县。灵寿贫瘠，俗悍而好斗，乃以恤民力为主，争去派运，倡导开垦，意欲先富后教。岁饥，赈济，亲往民间，驰驱山谷，不以为苦。召试监察御史。

第十五章 明清之际的理学

上疏请停捐纳保举。忌之者劾其迟误军需。及试用期满,遂归平湖。屏居故里泖口,不入城市,食贫以终。后追谥清献。著有《三鱼堂集》等书。

清献之学,一宗朱子,以居敬穷理为主。尝谓"穷理而不居敬,则玩物丧志而失于支离。居敬而不穷理,则将扫见闻,空善恶,师心自用,而适堕于佛老,以致猖狂恣睢"。其《学术辨》排斥阳明尤力。如曰:"阳明以禅之实而托于儒,其流害不可胜言……明乎心性之辨,则知禅矣;知禅,则知阳明矣……人之生也,气聚而成形;而气之精英,又聚而为心。是心也,神明不测,变化无方,要之亦气也。其中所具之理,则性也。故程子曰:'性即理也。'邵子曰:'心者,性之郭郭。'朱子曰:'灵虚是心,不是性。是心也者,性之所寓,而非即性也。性也者,寓于心,而非即心也。'先儒辨之,已至明矣。若夫禅者,则以知觉为性,而以知觉之发动者为心。故彼之所谓性,则吾之所谓心也;彼之所谓心,则吾之所谓意也。其所以灭彝伦,离仁义,张皇诡怪,而自放于准绳之外者,皆由不知有性而以知觉当之耳……阳明言性无善无恶,盖亦指知觉为性也。其所谓良知,所谓天理,所谓至善,莫非指此而已……其倡之者,虽[①]不敢自居于禅,阴合而阳离。其继起者,则直以禅自任,不复有所忌惮。此阳明之学所以为祸于

---

① 虽 底本作"当",据《清儒学案》(P.471)改。

天下也。"他认为朱学、王学根本歧异之点,在于前者以为"性即理",后者以为"心即理",且阳明所谓"性"即朱子所谓"心",确是不错。他是宗朱子的,故以宗朱者为正学,不宗朱者即非正学。故主张不宗朱子者,皆绝其道,勿使并进。他想效董仲舒的罢黜百家,独尊儒术。清廷的提倡程朱之学,如在他这样主张之后,则有假借政治势力,统制思想之嫌;如在他这样主张之前,则有揣摩时君意旨,苟合取容之嫌。

汤斌,字孔伯,号荆岘,又号潜庵,睢州人。明季,从学于孙夏峰,读书百泉山。清初,成进士。出为潼关道。时清军方自陕入蜀,西南未定。潼关地当要道,军输旁午,民间骚然。后方之运输抚辑,以潜庵之功为多。移岭北道参政,治赣州。值台湾郑成功之师进窥江宁,赣人有欲起兵应之者。潜庵密陈方略于上官,捕斩数人,赣局以定。乞假养亲,家居二十年,起为侍讲,擢右副都御史,出而巡抚江南,有政声。升礼部尚书。卒,谥文正。著有《潜庵遗稿》。

潜庵之学,以诚正为本,以忠孝为先,尚力行,不尚讲论。《上孙夏峰书》《答顾亭林书》等,皆以朱子、阳明相提并论,而《志学会约》亦有"致良知为圣学真脉"之语。其《答陆桴亭书》则曰:"窃尝泛滥诸家,妄有论说。其后学稍进,心稍细,甚悔之。反复审择,乃知程、朱为儒之正宗……若夫姚江之学,嘉隆以来,几遍天下。近年有一二巨公倡言排之,不遗余力,姚江之学遂衰，可谓有功于程、朱矣……仆之不敢诋斥阳明者，非笃信姚江之学也，非博长厚之誉也。以为欲明程、朱之道者，当心程、朱之心，学程、朱之学，穷理必极其精，居敬必极其至，喜怒哀乐必求中节，视听言动必求合礼，子臣弟友必求尽分。久之，人心咸孚；即笃信阳明者，亦晓然知圣学之有真也，而翻然从之……今天下真为程、朱之学者，舍先生其谁与归？故仆将奉大教为指南焉。"又自承愿宗程、朱了。盖潜庵初学于孙夏峰，故亦兼宗朱、王，特以清廷表章程、朱，故又折而入于朱学。其《苏州府儒学碑记》明言"今圣朝尊礼先圣，表章正学，士子宜知所趋向"。他自己正是"知所趋向"的人。其实，他并没有一定的宗旨，故与朋友讲习，但以相观而善为言，未尝立有宗旨，为人指授。总之，如潜庵者，只可谓为理学的乡愿而已。

上述四人是清初的大儒。杨园、桴亭，都是刘蕺山的弟子，入清，都隐居终老。稼书、潜庵则出仕满清；而潜庵尤显达，且于清军入蜀入滇时，曾为出过力，以视杨园、桴亭，殊有惭色。

清代的理学，因学风的转变，清帝的提倡，显贵的卵翼，故群趋于朱子一派，但清代数百年来宗朱子的理学家，在理学上也很少发明。这正和元代的情形一般。清末，吾邑先正夏灵峰先生（名震武，字伯定），可谓为程朱派理学家的殿军。

第十六章

颜习斋　戴东原

王学末流之弊为空疏。矫其弊者，复反于朱子之学，故清代的理学为朱学的复兴。朱子以读书为穷理之要，尝遍注群经；顾亭林又以"舍经学无理学"倡，其生平所致力者亦为经学。故清代的学风，又从理学转趋于经学，而经学复兴。复有一派学者，亦矫王学末流空疏之弊，而讲求实用之学者，以颜习斋为最著。

颜元，字易道，又字浑然，号习斋，博野人。父昶，为蠡县朱姓养子。明末，清兵入关，父被掳，母改嫁，育于朱翁媪，不自知非朱氏之孙。后朱翁纳妾生子，遂疏之，并渐加虐待。媪卒，哀毁。其里老人怜而告之曰："汝父为异姓养子，非朱媪所出。"乃潜往询其改嫁之母，始知颠末。朱翁卒后，乃归宗，复姓颜氏。欲出关寻亲。会三藩叛，蒙古遥应之，关外戒严，不得往。久之，始出关，寻访许久，始得其踪迹于沈阳。父已殁，见异母之妹。乃招魂奉主，躬御车，返里，服三年丧。后南游中州，张医

第十六章　颜习斋　戴东原

卜之肆于开封。商水大侠李子青馆之。见习斋携有短刀，力请角武。乃折竹为刀，相击数合，中子青腕，子青惊服。肥乡郝文灿聘往漳南书院主讲，三聘始往。设文事、武备、经史、艺能等科，规模颇宏，生徒数十人。会大雨经月，漳水溢，书院湮没，乃归。后八年，卒，年七十。私谥文孝先生。著有《存学》《存性》《存治》《存教》四编，合称《四存编》。其弟子钟錂又为辑《言行录》及《辟异录》。

习斋之学以事物为归，生平未尝以空言立教。尝谓尧舜之道在六府三事（六府：水、火、金、木、土、谷；三事：正德、利用、厚生。见《尚书·大禹谟》），周公教士以三物（一曰六德：知、仁、圣、义、忠、和；二曰六行：孝、友、睦、姻、任、恤；三曰六艺：礼、乐、射、御、书、数。见《周礼·大司徒》），孔子以四教（文、行、忠、信。见《论语》）。非主静专诵读，流为禅宗俗学可比。故教弟子行孝弟，存忠信，习礼乐射书数，究水火兵农诸学，堂上琴竽弓矢筹管罗列。以为学主实习，不专持书册诵读，故颜其所居曰"习斋"。又谓"无极太极"、《河洛》、"先天后天"之说，皆出自道家，而以当圣人之言性与天道，甚至谓与伏羲画卦同功，宜其参杂二氏而不自知。时孙夏峰方讲学苏门百泉山。习斋致书辩论，言当复尧舜周孔六府、三事、三物、四教之旧，不宜徒为和通朱、陆之说。这是他和理学诸儒主张的不同。又谓孟子明言"若夫为不善，非才之罪"；"非天之降才尔殊，其所以陷溺其心者然也";"乃若其情,则可以为善矣";"形色,天性也;惟圣人可以践形"。故认为"气质之性"亦无恶,恶是由于蔽,由于习。孔子曰:"性相近也,习相远也。"知愚之性同是善;如真金,虽多寡轻重不同,皆是金。性有差等而同是善,故不曰"相同",而曰"相近",但与孟子之言性善仍同。其引蔽习染,溺色溺货,以至无穷之罪恶,皆由习而远于善,即孟子所谓"或相倍蓰而无算者,不能尽其才者"。这是他和理学诸儒论性的不同。又谓圣门弟子不可轻议,孟子便抱这种态度。后儒乃动诋宰我、樊迟、子路、冉求、子贡、子张、子游、子夏诸子,而欲升周、程与颜、曾接席,是他们自以为贤于孟子了。圣门弟子唯兢兢业业实学实习,致实用之于天下;而后儒侈言性天,卑视事功,故把圣门弟子看得很低。这是他和理学诸儒见解的不同。

习斋《上陆桴亭先生书》有曰:"自汉晋泛滥于章句,不知章句所以传圣贤之道,而非圣贤之道也;竞尚乎清谈,不知清谈所以阐圣贤之学,而非圣贤之学也……赵氏运中纷纷跻孔子庙庭者,皆修辑注解之士,犹然章句也;皆高坐讲论之人,犹然清谈也。"又曰:"故仆妄论宋儒,谓是集汉晋释老之大成者则可,谓是尧、舜、周、孔之正派则不可。"其《存学》论的《由道》篇更斥言"程、朱失尧、舜以来学与教之成法"。又曰:"当日谈天论性之徒,皆如海上三神山,可望而不可即,但能仿佛口角,便自以为孔颜复出。朱子乃独具只眼,指其一二硕德,程子所许为后觉者,

第十六章　颜习斋　戴东原

曰'此皆禅也',不知二程之所以教之者实近禅。故徒见其弊,无能易其辙,致朱学之末流,犹程学之末流。后世之程、朱皆如程学、朱学之末流。"又谓释老"以空言乱天下,吾亦以空言与之角,又不斩其根而反授之柄……是以当日一出,徒以口舌致党祸;流及后世,全以章句误苍生。上者但学先儒讲论,稍涉文义,即欲承先启后;下者但问朝廷科甲,才能揣摩,皆骛富贵利达"。故以为"浮言之祸,甚于焚坑"。是习斋直并程、朱而排斥之,其意盖谓程、朱也是空谈心性,与王学同其空疏;即朱子的遍注群经,也是敝神章句,无裨实用了。那时对于王学,已有群起而攻的趋势,故习斋反不多说。朱学则正由皇帝显贵提倡,认为"正学",习斋反明目张胆地予以排斥,认为也是无裨实用的空谈,不可谓非豪杰之士。

排击程朱理学的学者,习斋之后,有戴东原。

戴震,字东原,休宁人。童年入塾,塾师授《大学章句》,至"右经一章"节。东原问曰:"此何以知为孔子之言而曾子述之?又何以知为曾子之意而门人记之?"师曰:"此朱文公之言。"又问曰:"朱文公何时人?"曰:"宋朝人。""孔子、曾子何时人"?曰:"周朝人。""周朝、宋朝相去几何年"?曰:"二千年。""然则朱文公何以知其然"?师不能答。未冠,即志在闻道,以为非求之六经、孔孟不能得;且非从事于文字、制度、名物之研究不能通六经而求孔孟之道。宋儒欲求孔孟之道而轻训诂考据之学,是犹欲渡江而弃舟楫,欲登高而无阶梯,必不可得。故致力于文字、训诂、音韵、制度、名物之研索,旁及天文、算法、舆地诸学,为清代汉学大儒。晚年,乃穷究性理之原,作《原善》《孟子字义疏证》及《大学》《中庸》二篇补注。尝曰:"有义理之源,有考据之源,有文章之源,吾于三者皆得其源。"既而又幡然改曰:"义理即考据、文章之源。"东原少贫,以课徒为业。继乃橐笔佣书,往来燕、晋、闽、越间。后以供职四库全书馆,官翰林院庶吉士。卒,年五十五。

东原以为"宋儒言性言理言道言才言诚言权言仁义礼智,皆非六经、孔孟之旨,而以异学之言杂糅之"。故《答彭允初书》有曰:"宋以前,孔孟自孔孟,老释自老释。谈老释者高妙其言,不依附于孔孟。宋以来,孔孟之书,尽失其解;儒者杂袭老释之言以解之。"又宋儒喜言天理、人欲,以为二者不并存,人欲净尽,斯天理流行。东原则曰:"古人所谓天理,不外絜民之求,遂民之欲,必求之人情而无憾,然后即安。理也者,即情欲之不爽者也。故理即寓于欲之中。盖一人之欲,即千万人所同欲也。自宋儒以意见为理,舍是非而论顺逆,然后以空理祸斯民。故人死于法,尚有怜之者;死于理,其谁怜之?"其所作《原善》,以性为主,以仁、义、礼为性所生,显之为天,明之为命,实之为化,顺之为道,循之有常曰理;合此数端,斯名曰善。又由性生材,因材施教,亦成为善。人性既善,则得于心者为诚信,应于事者为道

第十六章　颜习斋　戴东原

德。又就《孟子》字义，开示学者，谓"区而别之是谓'理'，血气心知是为'性'，知能所别是为'才'，人伦日用是为'道'，生生之德是为'仁'，义礼该于仁，智该于仁义礼，据真实而言则曰'诚'，就经事而言则曰'权'"。字各为篇，篇各数言，名之曰《孟子字义疏证》。

东原生当汉学的全盛时代，而又为当时汉学家的领袖。他直斥宋儒为"以理杀人"，大触当时理学家之众怒；于是群斥之为洪水猛兽。其时桐城姚鼐以古文鸣，尝欲从学于东原，为东原所峻拒。姚氏亦自命为能集义理、考据、辞章三者之长，既见拒于东原，乃转而助理学诸儒以攻之。故当时桐城文士，多集矢于汉学，集矢于东原。

习斋、东原既是反对理学的，本书纂述理学，似乎可以不必把他们叙述进去。但是他们所反对的，是宋儒的理学，是程、朱的理学；他们自己却又有一套理学。我们不能说，合于程、朱的是理学，不合于程、朱的便不是理学，所以仍撮附二人的学说于本书之末。

习斋上书陆桴亭，以为宋儒高谈心性，是魏晋清谈的变相。桴亭的《思辨录》亦曰："天下无讲学之人，世道之衰；天下皆讲学之人，亦世道之衰也。三代之世，君君臣臣，父父子子，各务躬行，各敦实行；庠序之中，诵诗书，习礼乐而已；未尝以口舌相角胜也。"又曰："近人讲学，多似晋人清谈，甚害事。孔门无一语不教人就实处做。"这正和习斋的见解相同，故《思辨录》中，对于兵农礼乐政制，俱有研究。桴亭，大家承认他是理学家，则对于习斋，也不能因为他反对空谈的讲学，说他不是理学家了。

理学家所讨论的问题，如理、气、性等，习斋也自有他的见解。如以阴阳二气为天道之良能；阴阳二气流行而为元亨利贞四德，为阴阳二气之良能；化生万物为四德之良能；二气四德，顺逆交通，错综薰蒸，聚散卷舒，为十六变；而中边直屈、方圆冲①僻、齐锐离合、远近违②遇、大小厚薄、清浊强弱、高下长短、疾迟全缺，又为十六变之变。所谓万物化生，皆由乎此，无非是理是气，而理气融为一片。故曰："万物之性，此理之赋也；万物之气质，此气之凝也。正者，此理此气也；间者，亦此理此气也。高明者，此理此气也；卑暗者，亦此理此气也。清厚者，此理此气也；浊薄者，亦此理此气也。"（见《存性编》）盖以气为宇宙之根本，且以为"理气融为一片"。这可以说是习斋的宇宙观、理气论。

刘蕺山尝曰："盈天地间一气也，气即理也。天得之以为天，地得之以为地，人物得之以为人物，一也。"黄梨洲亦曰："大化之流行，只有一气，充周无间。时而为和谓之春，和升而温谓之夏，温降而凉谓之秋，凉升而寒谓之冬，寒降而复和，循环无端，

---

① 冲　底本作"衡"，据《颜元集》（P.24）改。
② 违　底本作"迈"，据《颜元集》（P.24）改。

第十六章　颜习斋　戴东原

所谓生生之为易也。圣人即从升降之不失其序者谓之理。"王船山亦曰："天地间只理与气，气载理而以秩序乎气。"又曰："程子言'天，理也'。既以理言天，是亦以天为理矣。以天为理，而天固非离气而得名者也。则知理即气之理，而后'天为理'之义始成。"这三家的论理气，正与习斋相类，都以气为宇宙之根本，而理气融为一片的。

朱子论性，谓有"义理之性"与"气质之性"，义理之性纯粹至善，气质之性则有善有恶。就上文所引习斋之说观之，则万物之性为此理之赋，万物之气质为此气之聚。而理气又融为一片，故无论正间，高明卑暗，清厚浊薄，皆是此理此气。则理有正亦有间，有高明清厚，亦有卑暗浊薄了。因为他以为义理之性即是气质之性，故不能以气质为恶的起原。所以说："谓气质有恶，是元亨利贞之理谓之天道，元亨利贞之气不谓之天道也。天下有无理之气乎？有无气之理乎？"又曰："盖气即理之气，理即气之理；乌得理纯一善而气质偏有恶哉？譬之目矣：眶、疱、睛，气质也；其中光明能见物者，性也。将谓光明之理专视正色，眶、疱、睛乃视邪色乎？余以为光明之理固是天命，眶、疱、睛亦是天命；更不必分何者是天命之性，何者是气质之性。只宜言天命人以目之性，光明能视，即目之性善；其视之也，则情之善；其视之详略远近，则才之强弱；皆不可以恶言……惟因有邪色引动，障蔽其明，然后有淫视而恶始名焉。然其为之引动者，性之咎乎？气

215

质之咎乎？若归咎于气质，是必无此目，而后可全目之性矣。"这可以说是习斋的性论。

刘蕺山尝曰："理即气之理，断然不在气先，不在气外。知此，则知道心即人心之本心，义理之性即气质之本性。"又曰："心只有人心，而道心者，人之所以为心也；性只有气质之性，而义理之性者，气质之所以为性也。"黄梨洲亦曰："其在人而为恻隐、羞恶、恭敬、是非之心，同此一气之流行也。圣人亦即从此秩而不变者，名之为性。故理是有形之性，性是无形之理。先儒'性即理也'之言，真千圣之血脉也，而要皆一气为之。"都是把义理之性与气质之性合而为一的。

由上所说观之，则习斋于理学家所常讨论的理、气、性，也加以讨论，而其见解与刘蕺山、黄梨洲、王船山俱相近似。我们既认蕺山、梨洲、船山为理学家，便不能说习斋不是理学家了。

戴东原是反对理学的经学家，但于理学家所常讨论的理、气、性、情欲等，亦曾详加讨论，见于《孟子字义疏证》者最多。如曰："在老、庄、释氏，就一身分言之，有形体，有神识，而以神识为本。推而上之，以神为有天地之本，遂求诸无形无迹者以为实有，而视有形有迹者为幻。在宋儒，以形气神识为己之私，而理得于天。推而上之，于理气截然分明，以理当其无形无迹破之实有，而视有形有迹为粗。盖就彼之言而转之。因视气曰空气，视心曰性之郭郭。是彼别形神为二本，而宅于空气、宅于郭郭者，

第十六章　颜习斋　戴东原

为天地之神与人之神。此别理气为二本，而宅于空气、宅于郛郭者，为天地之理与人之理。"所谓别理气为二本者，东原自注曰："朱子云：'天地之间，有理有气。理也者，形而上之道也，生物之本也；气也者，形而下之器也，生物之具也。'"即此，可见他也是以为理气当融为一片，不能分而为二的。

形上形下之说，东原亦讨论及之。如曰："'道'犹'行'也。气化流行，生生不息，是故谓之道。《易》曰：'一阴一阳之谓道。'《洪范》'五行：一曰水，二曰火，三曰木，四曰金，五曰土'。'行'亦'道'之通称。举阴阳则赅五行，阴阳各具五行也；举五行即赅阴阳，五行各有阴阳也。"又曰："阴阳五行，道之实体也。"以阴阳五行为道，则道是气而非理了。此又与习斋之以二气四德为天道相同，不过以"四德"似仍含有"理"的意味，故易以"五行"而已。又曰："气化之于[①]品物，则形而上下之分也。形乃品物之谓，非气化之谓……'形'谓已成形质。'形而上'，犹曰形以前；'形而下'，犹曰形以后。阴阳之未成形质，是形而上者也；非形而下明矣。'器'言乎一成而不变；'道'言乎体物而不可遗。不徒阴阳非形而下也。如五行水火木金土，有质可见，固形而下也，器也；其五行之气，人物咸禀受于此，则形而上者也。"他以为凡未成形质以前的皆是形而上的；既成形质以后的方

[①] 于　底本作"与"，据《孟子字义疏证》（P.22）改。

是形而下的。故阴阳五行之气,人所禀受者,都是形而上的;五行既成形质,金木水火土有质可见的,方是形而下的。故不以宋儒言理是形而上的、气是形而下的为然。

东原论性曰:"《大戴礼记》曰:'分于道谓之命,形于一谓之性。'言分于阴阳五行,以有人物,而人物各限于所分以成其性。阴阳五行,道之实体也;血气心知,性之实体也。有实体,故可分;惟分也,故不齐。"东原以血气心知为性之实体,而人之性分自阴阳五行;与习斋所云"性形俱是天命"同意。又曰:"性者,分于阴阳五行以为血气、心知、品物,区以别焉……气化生人生物以后,各以类滋生久矣。然类之区别,千古如是也。循其故而已矣……一言乎分,则其限之于始,有偏全、厚薄、清浊、昏明之不齐,各随所分而形于一,各成其性也。然性虽不同,大致以类为之区别。"东原以为人物分于阴阳五行,以为血气心知,以各成其性;其始由气化而生,所分有种种不齐,遂成品类的区别;此品类的区别,千古不变,以后各以其类滋生。故牛之性、犬之性、人之性……各各不同。此种说法,由今日观之,显与达尔文"物种原始"之说不合。但在当时,固尚未知有所谓"进化论",其对于物种原始的解释,当然是哲学的,而非科学的。

东原又分别"性"与"才",而说明其关系曰:"气化生人生物,据其限于所分而言,谓之'命';据其为人物之本始而言,谓之'性';据其体质而言,谓之'才'。由成性各殊,故才质亦殊。

第十六章 颜习斋 戴东原

才质者,性之所呈也。舍才质,安睹所谓性哉?"他又设了一个譬喻,说桃杏核中之仁,具桃杏之性,形色臭味本已无一弗具,但不可见;及萌芽滋长,根干枝叶,桃杏各殊,由是而开花结果,形色臭味,莫不有别。此虽由桃杏的性不同,但皆由其才而始见。这就是所谓"才质者,性之所呈"。盖东原以"性"为"潜能",是具体的;但虽具体而不可见,其呈现为可见的现实,则谓之"才",方是可见的。此与向来理学家所说的"性"不同,要亦能言之成理。

东原又论及"情""欲""知"三者,为吾人血气心知之性所自然具有。其言曰:"人生而后有'情'、有'欲'、有'知'。三者,血气心知之自然也。给于欲者,声色臭味也,而因有爱畏。发乎情者,喜怒哀乐也,而因有惨舒。辨于知者,美丑是非也,而因有好恶。声色臭味之欲,资以养其生;喜怒哀乐之情,感而接于物;美丑是非之知,极而通于天地鬼神……惟有欲有情而又有知,然后欲得遂也,情得达也。天下之事,使欲之得遂,情之得达,斯已矣。""情"与"知"为吾心所同具,为人性之同然,理学家亦承认之,但以"情"为"性"之动而已。至于"欲",则宋儒谓之"人欲",为与"天理"不并存者。东原则以为亦人血气心知之自然,且为人所质以养其生者,故必使之得遂;不过当使天下之人皆得遂其欲,不当因遂己之欲而使大多数人不得遂其欲而已。故又曰:"惟人之知,小之能尽美丑之极致,大之能尽是非之极致。然后能遂己之欲者，广之能遂人之欲；达己之情者，广之能达人之情。道德之盛，使人之欲无不遂，人之情无不达，斯已矣。"禹、稷之思天下有溺有饥者犹己溺之饥之；太王之使内无怨女，外无旷夫；即是能使人无不遂其欲，无不达其情。此即"己欲立而立人，己欲达而达人"之盛德。彼但思遂己之欲，达己之情，而反使天下人不得遂其欲，不得达其情者，决不为东原所许可。奈何因此而痛斥东原？

东原尝谓"宋儒以理为有物焉，得于天而具于心"，其实不然。他以为吾人之性即是"血气心知"，此即宋儒所谓"气质之性"。吾人之血气心知中，虽并没有得于天而具于心之所谓"理"者存在，但吾人之血气心知中，却有"知"的本能，可以知所谓"理义"。故曰："理义者，人之心知，有思辄通，能不惑乎所行也……人之心知，于人伦日用，随在而知恻隐、知羞恶、知恭敬辞让、知是非，端绪可举，此之谓性善。于其知恻隐，则扩而充之，仁无不尽；于其知羞恶，则扩而充之，义无不尽；于其知恭敬辞让，则扩而充之，礼无不尽；于其知是非，则扩而充之，智无不尽。仁义礼智，懿德之目也。"所以说人心有"知"，故能知恻隐、羞恶、恭敬辞让、是非者，可以就孟子所举之例明之。故又曰："孟子言'今人乍见孺子将入井，皆有怵惕恻隐之心'。然所谓恻隐、所谓仁者，非心知之外，如有物焉藏于心也。已知怀生而畏死，故怵惕于孺子之危，恻隐于孺子之死。使己无怀生畏死之心，又焉有怵惕、恻隐之心？推之羞恶、辞让、是非亦然。"他以为所谓恻隐、所谓仁，非如有物焉藏于吾人之心，即是驳宋儒以理为"如有物焉，得于天而具于心"之说。不过吾人血气心知中有"知"的本能，知怀生而畏死，因而推己及人，故乍见孺子之将入井，而有怵惕恻隐之心。则亦可以自圆其说者。

东原《读孟子论性》一文有曰："耳能辨天下之声，目能辨天下之色，鼻能辨天下之臭，口能辨天下之味，心能通①天下之义理……物不足以知天地之中正，是故无节于内，各遂其自然而已矣。人有天德之知，能践乎中正，其自然则协天地之顺，其必然则协天地之常，莫非自然也；物之自然，不足语于此②。孟子道性善，察乎人之材质所自然，有节于内③之谓善也。"人之所以异于物者，因物只能顺其自然，人则因有"知"而知其必然。人之所以又能知其自然，与物不同者，即由人与物品类有别，其始气化而生时，所分于阴阳五行者本有不同。孟子有见于此，故曰性善。"善，其必然也；性，其自然也；归于必然，适完其自然，此之谓自然之极致"。谓之善，以其必然；谓之性，以其自然。故归于必然，适是完其自然。全其自然者，即是使吾人之性完全发展，自然发展，故谓之"自然之极致"。这就是所谓"尽

---

① 通　　底本作"辨"，据《孟子字义疏证》（P.182）改。
② 语于此　底本作"以语此"，据《孟子字义疏证》（P.182）改。
③ 于内　　底本脱，据《孟子字义疏证》（P.182）补。

性"了。

东原论"理",似乎分两方面说。如曰:"理者,情之不爽失者也。未有情不得而理得也……以我絜之人,则理明。'天理'云者,言乎自然之分理也。自然之分理,以我之情絜人之情,而无不得其平也……问:以情絜情而无爽失,于行事诚得其理矣。情与理之名何以异?曰:在己与人,皆谓之情;无过情无不及情之谓理。"此就情之方面言之。人之情欲之发,有一定的界限,此即"自然之分理",即东原所认为天理者。过此界限,违此自然之分理,即为过情,不及此者则为不及情。无过情,无不及情,则恰合此自然之分理,故谓之"理"。如曰:"必就事物剖析至微而后理得。"曰:"心之所同然,始谓之理,谓之义。则未至于同然,存乎其人之意见,非理也,非义也。凡一人以为然,天下万世皆曰'是不可易也',此之谓同然……分之各有其不易之则,名曰'理';如斯而宜,名曰'义'。"此就知的方面言之。事物之理,须就事物剖析至微而得之;而所得者是否为理,则须视其是否为人心之所同然;否则,仍是一人之意见而已。他所谓"以我之情絜人之情",即孔子的忠恕之道,亦即《大学》所谓"絜矩之道"。就情的方面言之,必须推己及人而无不得其平,衡之以自然之分理而无过无不及;就知的方面言之,必须就事物剖析至微而得,且为天下万世人心所同然;方得谓之为"理"。故天理是至公而无私的,至正而无偏的,至明而无蔽的。"情""欲""知"三者皆人

第十六章　颜习斋　戴东原

心所同具,皆不是恶;而人所以有恶者,则此三者皆有失耳。故曰:"欲之失为私,私则贪邪随之矣;情之失为偏,偏则乖戾随之矣;知之失为蔽,蔽则差谬随之矣。不私,则其欲皆仁也,皆礼义也;不偏,则其情必和易而平恕也;不蔽,则其知乃所谓聪明圣智也。"情之偏,也是由于私。故《原善》又曰:"人之不尽其才,患二:曰'私',曰'蔽'……去私,莫如强恕;解蔽,莫如学。"强恕即是"以己之情絜人之情",也即是推己及人;学,即是致知,也即是就事物剖析至微,以求得人心之同然。

东原最不满于宋儒者,以其立"天理""人欲"之分,且是不并存的;故曰:"问:宋以来之言理也,其说为'不出于理,则出于欲,不出于欲,则出于理',故辨乎理欲之界,以为君子小人于此焉分。今以情之不爽失为理,是理者存乎欲者也。然则'无欲'非欤? 曰:孟子言'养心莫善于寡欲'。明乎欲之不可无也,寡之而已。人之生也,莫病于①无以遂其生。欲遂其生,亦遂人之生,仁也。欲遂其生,至于戕人之生而不顾者,不仁也。不仁实始②于欲遂其生之心;使其无此欲,必无不仁矣。然使其无此欲,则于天下之人,生道穷促,亦将漠然视之。己不必遂其生而遂人之生,无是情也。然则谓不出于正则出于邪,不出于邪则出于正,可也;谓不出于欲则出于理,不出于理则出于欲,则不可也。"其

---

① 于　底本作"乎",据《孟子字义疏证》(P.8)改。
② 始　底本作"生",据《孟子字义疏证》(P.8)改。

次，宋儒以为理是具于心的，心具众理，故可以应万事；东原对此，亦大不谓然。其言曰："宋儒亦知就事物求理也；徒因先入于释氏，转其所指为神识者以指理，故视理如有物焉，不徒曰事物之理，而曰理散在事物。事物之理，必就事物剖析至微而后理得。理散在事物，于是冥心求理。谓'一本万殊'，谓'放之则弥六合，卷之则退藏于密'；实从释氏所云'遍见具该①法界，收摄在一微尘'者，比类得之……徒以理为如有物焉，则不以为一理而不可；而事必有理，随事不同，故又言'心具众理，应万事'。心具之而出之，非'意见'固无可以当此者耳。"

东原谓理乃情之不爽失者，理乃存乎欲者，理与欲非不并存者，故以为"欲不可无"；又谓宋儒之所谓"理"，只是个人的"意见"，而非天下万世人心所同然之理，故直斥为"以理杀人"。所谓"以理杀人"者，实即是"以意见杀人"。东原攻击宋儒最力者在此；其最受理学家攻击者亦在此。但平心察之，则宋儒所云与天理不并存的"人欲"，乃指"私欲"而言，即东原亦有"欲之失为私"之言。东原所云资以遂其生之欲，吾人血气心知自然而有之欲，则指人人所同具的饮食男女之欲，亦即是孟子所云"食色性也"之食色；则宋儒岂能无之？且情欲之不爽失者，即是情而不失于偏，欲而不失于私者，宋儒也未尝以为恶而欲无之。所

---

① 该　底本作"赅"，据《孟子字义疏证》（P.54）改。

第十六章　颜习斋　戴东原

以这争论，乃由所谓"欲"者，外包内含之不同而已。黄梨洲《与陈乾初书》引陈乾初的话道："周子无欲之教，不禅而禅。吾儒只言寡欲耳。人心本无所谓天理，天理从人欲中见。人欲恰好处，即天理也。向无人欲，则亦无天理矣。"这不是和东原所说的一般吗？黄梨洲驳他道："老兄此言，从先师（指刘蕺山）'道心即人心之本心，义理之性即气质之本性，离气质无所谓性'而来。然以之言气质、言人心，则可；以之言人欲，则不可。气质、人心是浑然流行之体，公共之物也；人欲是落在方所，一人之私也。"则"人欲"明指欲之失于私者而言了。至于"理"与"意见"的区别，也在于一是客观的，人心同然的，公的；一是主观的，我以为然的，私的。理学中心学一派云"心即理"，"理即吾心之良知"，极有执一己之意见以为理的可能。至于朱子以"即物穷理"释"致知格物"，欲"使学者即凡天下之物，莫不因其已知之理而益穷之，以求至乎其极"，且必"用力既久"，方能"一旦豁然贯通"，实际上也和东原所云"就事物剖析至微而后理得"相同。程、朱所谓"性即理"，也不过以为人性中有知此理的本能；若果以为理自在吾人性中，便不必即凡天下之物而穷其理了。

由上所说观之，则东原所讨论的许多问题，同是宋明理学家所讨论的。我们只能说他对于这许多问题的见解和宋明理学家不同，不能说他所讨论的不是理学的问题。因此，他的见解尽管和宋明理学家不同，他尽管尽力地攻击宋明理学家，尽管尽量地受同时或以后的理学家痛斥，平心而论，我们仍不能否认他在理学史上的地位。

本书旨在纂述理学的大要，凡是对于理学的问题曾提出意见的，而且其意见是重要的，不是人云亦云的，都得摘叙大要，所以把习斋和东原二人附录在本书之末章。

结论一

理学的概观

综上诸章所述，对于"理学"，可以得一概括的结论。

其一，理学家所讨论的问题，不外乎三部分：一是"宇宙论"，如所谓"形上形下""无极太极""二气五行""理气"……都是关于宇宙的问题；二是"心性论"，如所谓"心""性""情""才"……都是关于心性的问题；三是"修养论"，如"存诚""识仁""定性""穷理""居敬""主静""致良知"……都是关于修养方法的问题。邵康节和蔡西山父子的"象数之学"，是由"宇宙论"发展旁出的。而陆、王"心学"一派，则于"宇宙论"不甚注意。平心论之，则理学家对于"宇宙"的解释，终有些茫然；对于"心性"的议论，终有些玄虚；因为这两部分多羼入道教和禅学的分子，而所谓阴阳、八卦、五行……也都是古代悠邈的传说。倒是"修养论"中，还有许多切于人生践履的话。

其二，理学家无论派别如何，都是崇奉孔子的，所以理学只是新的"儒学"；但他们所讲的义理，不见得全是孔子的义理，所以理学又是"新的"儒学，而非原来孔子的儒学。《论语》《大学》《中庸》《孟子》，朱子定为《四子书》的；理学家们同认为是孔子、曾子、子思、孟子相传的道统所在。但是他们所根据的，却以《大学》《中庸》为最重要，而《孟子》次之，《论语》又次之。如其《论语》所记不是孔子的言论，恐尚不得与于《四子书》之列哩！所以他们的崇奉孔子，实际上不及崇奉孟子，更不及崇奉《大学》《中庸》。何以故？《论语》中没有关于他们所认为重要的"宇宙"和"心性"的言论故（子贡明言，"夫子之言性与天道不可得而闻也"。《论语》所记孔子之言，除'性相近也，习相远也，惟上知与下愚不移'一章之外，无论性语）。

其三，理学家所根据的古籍，最重要的是《大学》《中庸》，次之是《易·系辞传》。但《大学》作者，于古无征，程子也仅说是"孔子之遗书"，朱子属之曾子，原出臆度；其成书之年代，当与《礼记·王言》同在西汉之世。子思作《中庸》，固见《史记·孔子世家》。但细按之，则非一人一时所作；而理学家所常称引之首章，及自"哀公问政"以下诸章，为排句藻饰极多、赞扬极多之长篇议论体，与第二章"仲尼曰"至第十四章"君子素其位而行"为记言体者不同，当由后来附益，这一部分，最迟的恐在秦汉统一之后。（详见拙著《诸子通考》）至于《易·系辞传》，则欧阳修及叶水心已疑非孔子之书了。《尚书·大禹谟》曰："人心惟危,道心惟微,惟精惟一,允执厥中。"这是理学家所谓尧舜十六字的心传。但《大禹谟》之为伪古文,伪古文《尚书》之由东汉末王肃伪造,已早成定谳了。《论语·尧曰篇》曰:"尧曰:'咨,尔舜,天之历数在尔躬。允执其中,四海困穷,天禄永终。'舜亦以命禹。"《尧曰篇》,崔述《洙泗考信录》已疑之。以现代史学家的考证说,中国的有史时代当起自商朝,唐、虞、夏的历史只是一种传说。则此事根本不可信。即退一步说,则《大禹谟》所记尧、舜、禹相授之言,亦仅"允执厥中"一句与《论语》同,造伪古文者即是从《论语》那一句添造出三句来的。则所谓尧舜相传的"危微精一",根本是后人瞎造的了。又其次是《洪范篇》的"五行"。这一篇书,据近人刘节的考证,是战国时的作品(刘节有《洪范疏证》,见《东方杂志》第二十五卷第二号)。至于《河图》《洛书》《参同契》《太极图》等,则更是道士们的东西,所谓"自《郐》以下无讥焉"[①]的了。

其四,理学在我国的学术史上,是有它的地位的。它也有千年左右的历史了。唐代的韩昌黎、李习之,是理学的滥觞;北宋初的胡安定、孙泰山,是理学的先河;至周濂溪出,而理学始完全成立,所以他是理学的开祖。邵康节只能说是理学的旁支;张横渠和二程却是理学的中坚;至南宋,朱子出,乃集理学的大成。

---

① 《郐》以下无讥焉 底本作"《桧》以下,可以无讥",据《春秋左传诂》(P.611)改。

二程虽是弟兄，而其见解气象已是不同。朱子似小程；与朱子同时的陆象山却似大程。同时，还有吕东莱一派，则长于文献；叶水心一派，则偏于事功；但都不足与朱子相抗衡。元代是理学中衰的时代，自元以至明初，朱子一派，虽尚有传人，都不足以继朱子之盛。倒是陆象山一派，出了一位陈白沙，又出了一位王阳明，发挥光大，足以压倒朱子一派。陆王一派，与朱子一派不同。朱子是理学的正统派，陆王一派，即所谓"心学"者，是理学的别派。理学中本杂有禅学的分子，至王学而尤甚。阳明门下的王龙溪，更不讳言禅了。其末流，遂变为狂禅。于是学风又转了方向。明末清初，如刘蕺山、黄梨洲，虽对王学末流不满，犹尊崇阳明；如孙夏峰，虽已宗朱子犹兼宗陆、王；而顾亭林、王船山、张杨园、陆桴亭，则公然反对王学，复宗朱子了。同时颜习斋，则欲别创一务实经世的理学；其后戴东原，则于朱、王均所反对，欲别创一新理学。但因清廷正思定朱子之学于一尊，以收统一学术思想之效，所谓识时之士，如汤潜庵之流，又从而趋附之，故清代的理学家终以宗朱子者为多；但亦少有学有守之人，足以振既衰之理学。故理学卒与清廷之国祚同时衰歇。虽现代尚有为理学守其残垒之宿儒，然已不能挽回理学的末运了。

结论二

理学衰落之因缘

　　理学兴于宋初,衰于清末。其兴起的"因"和"缘",本书绪论中已言之。其衰落,亦有其内在的"因",和外在的"缘"。

　　佛说一切流转相有"生""住""异""灭"四相,梁任公曾用以说明清代经学的变迁兴衰。理学也具此四相。理学以韩昌黎、李习之为滥觞,胡安定、孙泰山为先河,周濂溪为开山,这是第一期,当流转相之"生"。张载、二程出而理学臻于全盛之时代,朱子出而集其大成,这是第二期,当流转相之"住"。朱子同时,已有陆象山之心学派,吕东莱之文献派,叶水心之事功派,理学在全盛之时,已呈分歧之象,但正统派的朱学,尚足以笼罩各派,执学术界之牛耳,经元以达明初。及陈白沙、王阳明出,而心学大盛;朱子一派遂为所掩。降及明清之际,朱派又承王学末流为众厌弃之势,卷土重来,无论宗朱攻王,与兼宗朱、王,都不足以掩两派之矛盾。而黄梨洲以理学家兼长史学,其后学如万季野、全谢山辈乃专以史学名家，盖远承吕东莱文献派之遗风而更光大之；颜习斋于朱、王二派之外，异军突起，以实用经世为理学之鹄的，盖远承叶水心事功派之遗风而光大之。这是理学的第三期，当流转相之"异"。自此以后，正统派之朱学，复以清帝之提倡，贵要之卵翼，文人之赞助，学者之趋风，复统理学之残局。民国初，乡先正夏灵峰先生在故乡聚徒讲学，远近向风，而其气象之刚健，践履之笃实，讲论之勤奋，犹足使后生景仰理学先儒之遗风。近年来，如马一浮、熊十力诸先生，尚为理学守最后之残垒。但理学至此，终不能挽其衰落之末运。这是第四期，当流转相之"灭"。学术之有"生""住""异""灭"，犹岁之有春夏秋冬，人之有少壮老死，此新陈代谢的公例，乃无可逃避，亦不必悼惜者。理学本为儒学与道士教及禅学羼合的结晶，其"宇宙论"之玄渺，"心性论"之一变为心学，再变为狂禅，亦势所必至。且朱派学者之繁文缛节，不仅烦扰而不悦，且易流于相率为伪之途。而理学之讲讨，无论宗朱宗王，其精义先儒已发挥殆尽，陈陈相因，了无新义。其为一般学人所厌弃，固因其宜。这便是理学衰落的"因"。

朱子主穷理以致其知，且主即物穷理以致其知。求理于外，故亦以读书为穷理致知之要。其生平注释群经，不遗余力。虽其所注，重在内容的义理，但亦不得不兼及训诂名物。故其为学，已与汉唐经生相近。明末清初，顾亭林病王学末流之束书不观，游谈无根,倡"舍经学无理学"之说。其为学之兴趣,又集中于考据方面。故其提倡朱学,实无异间接的提倡经学。同时,王船山之学,虽博大精深不及亭林,而趋向则同。黄梨洲之辨《易》学象数,疑《尚书》古文,亦足启经学家考古之风。降及乾嘉,经学复兴,直超汉唐而上。学人才士,靡然向风。大部分人才已趋于经学旗帜之下,故研究理学者日少。而经学大儒戴东原复以其余力,讨论及于理学,入室操戈,直斥宋儒之不尽合于孔孟。虽所谓卫道之学者文人,集矢汉学,以相抵排,如方东树《汉学商兑》一书,其最著者;然终不能挫其锋芒。理学已渐趋衰落,又突遇此经学之劲敌,自足以增速其趋于衰落。这是理学衰落之"缘"。

鸦片战争失败之后,门户洞开,泰西之学术、政治、宗教随其军事经济的势力以俱来。我国人始则狃于自大而蔑视峻拒,继则忽焉自卑而盲目接纳。其哲学、自然科学、人文科学,都足以使我们见所未见,闻所未闻。于是理学的宇宙论、心性论,都为之发生动摇。又以政治经济之剧烈的变动,影响于我国数千年来专制政体农业社会者甚大,国人的思想与生活亦在剧变中。于是理学的道德修养论之一部分,亦渐不适于现代的生活。这也是理学衰落之"缘"。

近来史学家研究我国历史,把它分成四大时期:从商至西周之末,为定型时期;从东周至西汉初为过渡时期;自西汉中世以后直至清代道光间又为定型时期；从道光间鸦片战争之后，以迄今日，又为过渡时期。所谓"定型时期"，其政治、经济、教育、社会各方面，都稳定而少变化；所谓"过渡时期"，则各方面都有剧烈的变化。第二过渡时期的剧变，现尚在方兴未艾中。据此史观，以论述我国的学术，则诸子之学所以勃兴于春秋之末，衰歇于西汉中世之故，可以了然（详见拙著《诸子学纂要》）。现在这过渡时期，政治、经济、教育、社会各方面的变动，较之第一过渡时期，更为剧烈。第一过渡时期，有儒、道、墨、法诸家的学术思想应运而生，为我国学术史放一异彩。则此一过渡时期，必将有更精粹的学术思想产生。

复次，一民族所以能生存于世界之上，不至因衰老而澌灭，必有其为民族生命所寄托的文化。一民族的文化，所以能存在滋长于此民族之中，不至因落伍而衰歇，必有其为文化生命所赖以持续的新陈代谢作用。而文化之所以能推陈出新，一方面必须就此民族固有的文化中，审择其可以适应时代者，而保存之，发挥之；一方面必须就自他民族新输入之文化中，审择其可以适合吾民族者，而吸收之，融化之。以此固有的文化与输入的文化之精华，熔于一炉，乃能同化而成新结晶，以产生一种新文化。这种新文化，方真是这民族的新生的白血球。倘一味以保存固有文化为事，则此文化，乃至此民族，必将因衰老落伍而趋于歇灭；倘一味以吸收外来文化为事，则此文化，乃至此民族，必将如学步邯郸，未得国能。先丧故步，而尽失其本来的独立的性质。一切文学、音乐、图画、雕刻，乃至政治、宗教，乃至学术思想，殆莫不皆然。勃兴于北宋初年之新儒学的理学，即由吾国之旧儒学与国外输入的佛学所融化而成的禅学，同化结晶而成。现代新从国外输入之哲学的、科学的、政治的、宗教的、社会的学术与思想，其新颖与丰富远在佛学之上。撷其精华，以与吾国固有的学术思想之精华，熔于一炉，同化之后，成为结晶，如男女青年之结婚生子然。则不久的将来，必将有更精粹的学术思想产生。

在我国历史上，足以代表时代精神的学术有三：一是诸子之学，已早衰歇于西汉中世；一是经学，一是理学，也都衰歇于民国初年了。起而代之的，尚未产生。现在，正是孟子所云"以其时考之则可矣"的时期了。孟子又曰："待文王而后兴者，凡民也；若夫豪杰之士，虽无文王犹兴。"学术思想的产生，更不是"文王"所能为力。所以我辈学人，不必对已衰歇的理学留恋悼惜，甚而至于妄想它复兴；但当努力于新的学术之创造！

本次整理征引文献

颜之推，王利器撰:《颜氏家训集解》，中华书局1993年版。

王绩著，韩理洲校点:《王无功文集》，上海古籍出版社1987年版。

欧阳修、宋祁撰:《新唐书》，中华书局1975年版。

韩愈撰，马其昶校注，马茂元整理:《韩昌黎文集校注》，上海古籍出版社1986年版。

董诰等编:《全唐文》，中华书局1983年版。

黄宗羲著，全祖望补修，陈金生、梁运华点校:《宋元学案》，中华书局1986年版。

周敦颐著，陈克明点校:《周敦颐集》，中华书局1990年版。

曾枣庄、刘琳主编:《全宋文》，上海辞书出版社、安徽教育出版社2006年。

朱熹著，廖名春点校:《周易本义》，中华书局2009年版。

张载著,章锡琛点校:《张载集》,中华书局1978年版。

程颢、程颐著,王孝鱼点校:《二程集》,中华书局1981年版。

朱熹撰:《四书章句集注》,中华书局1983年版。

黎靖德编,王星贤点校:《朱子语类》,中华书局1986年版。

陆九渊著,钟哲点校:《陆九渊集》,中华书局1980年版。

叶适著,刘公纯、王孝鱼、李哲夫点校:《叶适集》,中华书局2010年版。

叶适著:《习学记言序目》,中华书局1977年版。

脱脱等撰:《宋史》,中华书局1985年版。

宋濂等撰:《元史》,中华书局1976年版。

杨镰主编:《全元诗》,中华书局2013年版。

黄宗羲著,沈芝盈点校:《明儒学案》,中华书局2008年版。

王守仁著,王晓昕、赵平略点校:《王文成公全书》,中华书局2015年版。

江藩著,钟哲整理:《国朝汉学师承记》,中华书局1983年版。

徐世昌等编,沈芝盈、梁运华点校:《清儒学案》,中华书局2008年版。

张履祥著,陈祖武点校:《杨园先生全集》,中华书局2002年版。

颜元著,王星贤等点校:《颜元集》,中华书局1987年版。

戴震著，何文光整理：《孟子字义疏证》，中华书局1982年版。

洪亮吉撰，李解民点校：《春秋左传诂》，中华书局1987年版。